반짝 반짝 빛나는 ＿＿＿＿＿＿＿＿＿님

당신에겐 꿈꿀 권리가 있습니다.
당신에겐 무한한 잠재력이 숨어 있습니다.
아주 작은 시도라도 좋으니 꿈을 향해 도전해보세요!
부디 성공을 바랍니다!

＿＿＿＿＿＿＿드림

공병호의 소울메이트

저자 공병호

고려대 경제학과를 졸업하고, 미국 라이스대학에서 경제학 박사 학위를 받았다. 현재 공병호경영연구소 소장으로 활동하고 있다.

국내 최고의 자기계발 전문가로 꼽히는 공병호 박사는 자기경영을 화두로 불투명한 미래에 늘 불안한 사람들을 보듬어 왔으며, 그들이 끝내 걸어가야 할 삶의 길잡이 역할을 자처해 왔다. 저자는 정체성을 잃고 흔들리거나 인생을 보다 의미있게 살기 위해 노력하는 독자들에게 지난 10여 년간 인생의 균형잡힌 소울메이트로서 삶의 성공전략을 전파하고 있다.

저자에게 평생의 화두는 깊은 고찰과 끝없는 노력이 뒷받침되어야만 가능하다는, 자기 자신을 브랜드화하는 일이다. 저자는 아마추어의 삶을 사는 사람과 프로의 삶을 사는 사람의 차이가 여기에 있다고 말한다. 아마추어는 늘 엉거주춤하고 항상 시작하는 마음으로 방황하며 불안, 걱정이 많고 다른 사람의 깃발을 따라가느라 바쁘다. 반면 프로는 자기 스타일을 만드는 사람이다. 사물의 이치를 터득하고 그간의 투자가 수확되는 것을 느끼고 더 열심히 페달을 밟는다. 일의 재미와 성공이 선순환되는 것이다.

인생의 진정한 프로가 되기를 간절히 바라는 저자는 독자들이 이 책을 통해 제 이름 석 자를 내걸고 스스로 원하는 삶을 살아갈 수 있기를 바란다.

대표작으로는 《공병호의 자기경영노트》《10년 후, 한국》《공병호의 초콜릿》 등 80여 권의 저서가 있다.
www.gong.co.kr

디자인 임헌우

디자인학 박사, 디자이너이자 교육자, 북아티스트.

디자인회사의 크리에이티브 디렉터를 거쳐 지금은 계명대학교 시각디자인과 전임교수로 재직하고 있다.
타이포드로잉전을 포함한 6번의 개인전을 가졌고, 프랑크푸르트 북페어를 비롯해 독일, 호주, 일본, 중국, 인도 등에서 단체전을 가졌고, 다수의 국내 단체전에 참여했다.

아이디어와 상상력이 미래를 여는 오프너라는 생각으로 삼성전자, 삼성중공업, GS홈쇼핑, MBC플러스, 보험심사평가원, 조선호텔, 서울시, 예치과그룹 등 수많은 기업과 단체에서 상상력과 크리에이티브를 주제로 특강을 하고 있다.

《월간디자인》《행복한 동행》《작은 숲》《디자인정글》 등의 월간지와 삼성, 금호아시아나, 한국수력원자력, LS전선, 하나은행, 국세청 등의 온·오프라인 사보에 글을 기고하고 있다.

저서로는 1년 넘게 (정치사회 부문) 베스트셀러를 기록한 《상상력에 엔진을 달아라》(나남)와 《새로운 편집디자인》(공저)이 있다. 최근 톨레스 사의 디자인 방법론을 소개하는 편역서를 준비하고 있다.

디자인 문화와 체질 개선을 위해 많은 디자인 작업을 하고 있으며, 최근 북디자인 디렉터로 여러 프로젝트에 참여하고 있다. dreamon4u@hanmail.net

겁 많고 서툰 젊음을 위한 공병호의 인생 정면돌파법

공병호의 소울메이트

공병호 지음, 임헌우 디자인

빨간 얼굴을 가진 어떤 사람이 사는 별을 알고 있어.
그는 꽃향기를 맡아 본 적이 없지. 별을 바라본 적도 없고, 누구를 사랑해 본 일도 없어. 오로지 숫자만 계산하면서 살아왔어.
그는 하루 종일 당신처럼 "나는 중요한 일로 바빠!"라고 말하고 있어.
-생 텍쥐페리,《어린 왕자》

겁 많고 서툰 이 땅의 모든 젊음에게

차례 Table of Contents

004 프롤로그

007 겁 많고 서툰 이 땅의 모든 젊음에게

008 차례

012 넌 누구니?

014 내가 누구냐고?

015 당신의 소울메이트

017 유혹을
이겨냈을 때 빛나는
성공의 미스터리

083 1% 차이가
기적을 일으키는
일의 미스터리

019 게으른 나를 바꾸는 법
023 그물을 넓게 쳐야 행운이 걸린다
027 첫 직장을 선택하는 기준
031 학교에서 가르쳐주지 않는 정치력의 비밀
035 '지금' 하지 않으면 '다음'은 오지 않는다
039 기회를 포착해서 내 것으로 만드는 3단계
043 실패를 성공으로 바꾸는 후회의 기술
047 절대 빠져서는 안 되는 유혹1
051 절대 남의 말을 듣지 말아야 할 때
055 나만의 전문 분야를 만들어라
059 재능은 노력을 이기지 못한다
063 사소한 일에 최선을 다해야 하는 이유
067 성공은 머리가 아니라 엉덩이의 힘이다
071 캘리포니아에 살면 더 행복할까?
075 한국인이 대세를 따르는 이유
079 출세의 고질병에 걸리지 않는 방법

085 몸을 움직이면 의욕이 생긴다
089 잘 버려야 잘 풀린다
093 미쳤다는 소리를 들어야 성공한다
097 '모른다'는 말은 가장 강력한 전략
101 성공하는 사람들의 아침 시간 활용법
105 무슨 일이든 깔끔하게 마무리하라
109 창조적 아이디어는 손과 종이에서 나온다
113 정보의 홍수 시대를 살아가는 법
117 인터넷에서 돈 나오지 않는다

121 넘어질수록 강해지는 도전의 미스터리

- 123 부모의 그늘에서 벗어나라
- 127 시행착오를 경험하라
- 131 재능의 달걀을 한 바구니에 담아라
- 137 꿈은 이루어진다, 이 한 권의 수첩이 있다면
- 141 날마다 조금씩 용감해지는 연습
- 145 실패를 줄이는 5가지 전략
- 151 걱정병 극복법
- 155 감사하면 감사할 이유가 더 많이 생긴다
- 159 불안을 잠재우는 방법
- 163 지금 공부하지 않으면 5년 후가 위험하다
- 167 돈 한 푼 안 들이고 품위 있게 사는 법
- 171 마음먹은 만큼 성취할 수 있다
- 175 사람이 따르는 리더가 되는 비결
- 179 콤플렉스, 잘 쓰면 약이 된다

183 끌림 속에 숨겨진 관계의 미스터리

233 행복을 부르는 돈과 사랑의 미스터리

- 185 재산이 되는 인맥 쌓기
- 189 거절당하는 것을 두려워 말라
- 193 적을 만들지 않는 방법
- 197 곤경에 빠진 친구를 돕는 방법
- 201 모든 사람을 정중하게 대하라
- 205 사내 정치에서 승리하는 방법
- 209 사람을 믿어야 할 때와 의심해야 할 때
- 213 죽은 개는 아무도 걷어차지 않는다
- 217 사람의 본성을 이해하는 6가지 원칙
- 221 스캔들을 잠재우는 방법
- 225 믿을 만한 사람이 되는 간단한 방법
- 229 대단한 사람 앞에서 주눅 들지 않는 방법

- 235 수입이 많은 직업을 선택하는 방법
- 239 보수를 많이 받는 방법
- 243 돈이 따라오게 하는 비결
- 247 돈 잘 쓰는 습관
- 251 돈 빌려줄 때 받을 생각은 하지 말라
- 255 절대 빠져서는 안 되는 유혹 2
- 259 절대 이성 보는 눈을 낮추지 말라
- 263 이상형을 골라도 실패하는 이유
- 269 육아와 직업의 기로에 설 때
- 273 이별에 대처하는 법
- 277 행운에 취하지 말고 불운에 기죽지 말라
- 281 반드시 알아야 할 여행의 법칙
- 285 행복을 만드는 7가지 노하우

- 292 에필로그
  젊은 날, 삶의 해답을 찾아서
- 294 디렉터스 컷

내가 누구냐고?

한 번 잘 찾아보길 바래.

나는 네 안에 이미 있어.
너의 가슴속에도 존재하고,
너의 머릿속에도 있어.
너의 하루 속에도 있고,
너의 꿈속에도 존재하지.

왜냐하면,
나는 너의 소울메이트니까.

당신의 소울메이트
이름은 선플라워(sunflower).
주민등록상 나이는 밝히길 꺼려함.
소심함. 그렇다고 A형은 아님.
그래서 금방 얼굴이 빨개지는 특징.
친구들이 낮부터 술 마셨냐고 놀림.
고민과 생각이 많아서
머리 모양은 태양 혹은 사자머리.
겁 많고 하는 일이 늘상 서툴다.

237명의 왕(물론 흑인 왕을 포함해서)과
2만 천 명의 지리학자, 270만 명의 기업가,
7천 2백만 명의 술꾼,
9억 3천 3백만 명의 허영에 찬 사람들,
말하자면 약 60억 명의 사람들이 살고 있는
지구가 고향이지만, 늘 어린 왕자가 살고 있는
소혹성 B-612호를 동경함.

1 유혹을 이겨냈을 때 빛나는 성공의 미스터리*

게으른 나를
바꾸는 법

"나도 이따금 쉬고 싶다. 만사를 제처두고 아무 일도 하지 않는 상태에서 며칠 정도 푹 퍼지고 싶을 때가 있다."

언젠가 경영컨설턴트이자 저술가, 강연자로 세계적인 명성을 누리고 있는 톰 피터스의 고백을 읽은 적이 있다. 그의 고백을 들으면서 '이 세상에 완벽한 사람은 없구나' 하는 생각을 했다. 사회적으로 성공한 인물들은 완벽한 사람처럼 보일 수도 있다. 마치 아무런 흠집도 없는 사람처럼 말이다. 하지만 그들 역시 게으름이나 슬럼프로부터 자유로운 사람은 아니다. 다만 나름의 대처 방법을 갖고 있다는 점이 보통 사람과 다를 뿐이다.

"게으름은 자연 상태이다." 그러니까 분주하게 움직이는 것 자체가 비정상적인 상태란 말이다. 주변에 부지런한 사람이 있다면 그 사람은 보통 사람이 아니라 특별한 사람이라고 생각하면 된다. 누구든 대응책을 제대로 갖고 있지 않으면 게으름에 무릎을 꿇고 만다. 그러면 생활리듬이 깨지게 되고 최악의 경우에는 슬럼프가 찾아온다. 이런 악순환에 사로잡히지 않도록 주의해야 한다.

게으름이라는 반갑지 않은 손님에게 자리를 내주지 않으려면 어떻게 해야 할까? 우선 지나치게 자신을 나무라지 말아야 한다. 그러니까 여러분 자신을 '무능하고 유약한 인물'이라고 스스로 낙인찍지 말기를 바란다. 왜냐하면 게으름이 부지런함보다 더 자연스럽기 때문이다. 그러니 스스로를 나무라는 질책은 잠시 접어두기 바란다.

그렇다고 해서 그냥 손 놓고 게으름이 알아서 멀리 달아날 때까지 기다리고 있어서도 안 된다. 게으름이 사라질 때까지는 퍽 오랜 시간이 걸릴 수도 있다.

게으름이 살며시 여러분 곁에 다가왔을 때는 "음, 이 불청객이 심심했나 보군. 또 왔구나."라고 자신에게 조용히 말해준다. 그 다음에 바로 작은 일을 시작하면 된다. 복잡하고 힘든 일은 제쳐두고 가장 쉽게 시작할 수 있는 일을 한두 가지라도 선택해 보라. 설거지나 주변 정리정돈처럼 간단한 일도 좋다. 그런 다음 앞뒤를 재거나 깊이 생각할 것도 없이 정한 일을 마무리하는 데 온 정신을 집중하라. 게으름은 기다린다고 해서 없어지는 게 아니라 몸을 움직일 때 없어진다.

미국에서 150만 부 이상이나 팔린 《정상에서 만납시다》의 저자 지그 지글러는 의욕은 그냥 생겨나는 것이 아니라고 말한다. "동기는 행동을 취한 다음에 생겨난다."는 그의 말을 새겨듣기 바란다. "적극적인 행동을 하고 싶어질 때까지 기다리지 말라. 행동을 취하고 나면 자연히 그런 기분이 들 것이다."

부지런한 사람이라고 해서 게으름을 피우고 싶을 때가 없는 것은 아니다. 그들 역시 게으름이란 불청객과 늘 함께한다. 다만 그들은 게으름을 조기에 쫓아내는 방법을 알고 있다는 점이 다르다. 사소한 일을 한 가지 택한 다음 집중력을 갖고 행동하기 바란다.
나이키의 그 유명한 구호, "Just Do It"을 실천하면 된다.

그물을 넓게 쳐야 행운이 걸린다

"미국 CEO들은 성공의 가장 중요한 요소가 무엇이라고 생각합니까?" 단국대 경영대 오재인 교수가 어느 모임에서 미국인 교수에게 던진 질문이다. 물론 오 교수는 나름대로 이러저러한 답이 나올 것이라고 추측하고 있었다. 그런데 의외로 "미국 CEO들은 운보다 더 중요한 것은 없다고 생각한다."라는 대답이 돌아왔다고 한다. 실용적이고 합리적인 사고를 할 것 같은 미국 CEO들이 '운'을 가장 중요하게 생각한다는 게 놀랍다.

동양에서는 운이라는 개념이 매우 폭넓게 자리 잡고 있다. 우리는 '운칠기삼(運七技三)'이라는 말을 흔히 한다. 중국 고전에서 유래한 말로 "모든 일의 성패는 운이 7할을 차지하고, 노력이 3할을 차지한다."는 뜻이다.

물론 젊은 날부터 운명론에 지나치게 의지해선 안 된다. 그럼에도 불구하고 세상 사는 운이 차지하는 비중이 무시할 수 없을 정도이다. 되돌아보면 '아, 그때 나에게 그런 기회가 주어지지 않았다면 그 다음 스토리가 만들어지지 않았을 테고,

또 그 다음 스토리도 만들어지지 않았을 거야 라는 생각을 할 때가 자주 있다. 그만큼 우리 삶에서 운이 중요한 위치를 차지한다.

운이라는 것은 내가 어찌해 볼 도리가 없는 영역이다. 그만큼 세상에는 자신이 통제할 수 없는 영역이 엄연히 존재한다. 여러분이 어떤 프로젝트를 맡았다면 우선은 내가 통제할 수 있는 것과 통제할 수 없는 것을 분명히 구분할 필요가 있다. 그 다음에는 통제할 수 있는 부분에 대해 자신이 할 수 있는 모든 노력을 다해야 한다. 그리고 그 결과를 담담히 받아들이면 된다. 꼭 성공시키기 위해서 모든 노력을 다하지만 결과에 승복한다고 생각하면서 업무나 프로젝트를 대하면 좋은 결과를 얻을 수 있다. 뿐만 아니라 일시적인 결과에 따라서 웃고 우는 일을 피할 수 있다.

살아가는 일도 그렇다. 계속해서 불운이 겹치는 경우는 무척 드물다. 행운과 불행이 날줄과 씨줄처럼 연결되어 있는 것이 삶이다. 주사위를 많이 던지다 보면 평균적인 확률이 만들어지는 것처럼 이른바 '대수의 법칙'이 삶에도 적용된다. 삶에 있어서 운이 차지하는 비중도 주사위를 여러 번 던지는 것에 비유할 수 있다. 항상 행운이 뒤따를 수도 없고, 항상 불행이 뒤따를 수도 없다. 때문에 자신이 행운이라고 생각하는 사람은 이 행운이 계속될 수 없다고 생각해야 한다. 마찬가지로 지나치게 불행이 따른다고 생각하는 사람 역시 이것은 정상이 아니고 곧 좋은 시간이 올 것이라고 생각할 수 있다.

노력은 나 자신이 통제할 수 있다. 힘껏 노력해야 하고, 할 수 있는 모든 가능성은 다 시도해야 한다. 그러다 보면 어느 시도엔가 행운이 걸려들 수 있다. 일단 넓게 넓게 그물을 처라. 마치 어부가 고기잡이를 위해 가능한 넓게 그물을 펴는 것처럼 모든 시도를 다하는 것이 최고의 방법이다. 그리고 기도하라!

첫 직장을 선택하는 기준

"나는 졸업을 몇 달 앞두고 장차 무엇을 할 것인가 고민이 많았다. 지금 돌이켜보면 이에 대한 해답이 오래 전부터 준비되어 있었다는 생각이 든다. 그러나 그때까지만 해도 배우가 되려고 했다고 말할 수 없는 처지였다."

미국의 전 대통령 레이건의 자서전에 나오는 젊은 날의 고민 한 대목을 옮겨보았다. 때는 1932년 초, 대공황의 충격이 직업 시장에 여전히 영향을 미치고 있던 시기였다.

젊은 레이건의 고민을 들여다보니 사회에 첫발을 내딛는 젊은이들이 마주치는 상황은 예전이나 지금이나 크게 달라진 게 없다는 생각이 든다. 훗날 되돌아보면 '아, 그래서 내가 그쪽에서 첫발을 내딛게 되었구나.' 라는 생각을 할 수 있지만, 막상 첫 직장을 잡을 때는 이것저것 가릴 형편이 못 되는 경우가 많다. 아마도 대부분이 그럴 것이다. 나 또한 지금과 같은 모습으로 살아가리라고 당시에 어떻게 생각할 수 있었겠는가?

사회에 첫발을 내디딜 때 훗날 자신이 어떤 경력을 만들어갈지 정확하게 알 수는 없는 일이다. 그렇다면 최선의 방법은 큰 그림을 갖고 직장을 선택하는 것이다. 연봉 몇 백만 원이 많고 적음은 별로 중요하지 않다고 생각한다. 그런 기준으로 첫 직장을 정해선 곤란하다. 내가 어떤 직업인으로 살면서 무엇을 추구해야 할지에 대해서 생각을 정리하고 있어야 한다. 그러니까 일단 큰 그림을 갖고 가능한 대안을 찾아야 한다. 대안 가운데 일류 기업이 있고 이류 기업이 있고 삼류 기업이 있을 것이다. 이들 중에 가능한 선에서 취업의 물꼬를 터야 한다. 이따금 이런 그림도 없는 상태에서 그냥 흘러가는 대로 자신을 맡겨버리는 경우를 볼 수 있다. 그래선 안 된다.

첫 직장을 선택할 때는 현실과 타협해야 한다. 특히 요즘처럼 불황일 때는 아무리 자격을 잘 구비하고 있어도 원하는 직장을 잡기가 힘들다. 이래저래 처음부터 자신이 꼭 원하는 직장을 잡을 수 있는 확률은 아주 낮다고 봐야 한다. 그러므로 최대한 양보할 수 있는 수준을 정한 다음 일단 기회가 닿는 곳에서 첫 직장생활을 시작해야 한다. 그곳에서 상위 1~5퍼센트 안에 들 정도가 되면 다음 단계를 생각해야 한다.

긴 인생살이에서 어떤 직업, 어떤 직장이든 오르막과 내리막을 경험하게 된다. 때문에 현재 인기를 끄는 직장, 월급을 조금 더 주는 직장, 안정적인 직장이 언제 바뀔지 모르는 일이다. 그렇다면 지나치게 인기나 유행에 좌우되지 말고 줏대를 갖고 판단해야 한다. 조금 처지는 직장을 잡을 수밖에 없다면, 꼭 기억하길 바란다. 차근차근 더 나은 곳을 찾아가는 과정으로 직장생활을 이해하면 얼마든지 분발할 수 있을 것이다.

나만 하더라도 첫 직장을 구할 때 고배를 많이 마셨다. 여러 회사 문을 노크하면서 '세상살이가 참 내 맘대로 풀리지 않는구나.' 라는 생각에 힘이 빠지기도 했다.

여러분은 가능하면 쓴맛을 많이 보지 않기 바란다. 하지만 설령 쓴맛을 본다 하더라도 그런 경험조차 훗날 큰 이점이 될 수 있다고 자신을 독려하기 바란다. 나는 초기에 거부를 많이 당한 경험 덕분에 자만심이나 오만함을 갖지 않게 되었다. 일이 처음부터 척척 풀렸다면 세상을 조금 우습게 보았을지도 모르겠다. 실제로 동료들 중에 쉽게 직장을 잡거나 옮기면서 세상을 만만하게 보다가 나중에 결정적인 한방에 무너지는 이들도 있었다. 거절을 당해 봐야 세상을 어려워하고 두려워하는 마음을 가질 수 있다.

해변가에 밀려오는 크고 작은 파도처럼 기회는 온다. 지금 있는 자리에서 최선을 다하면서 기회를 노리기 바란다. 출발선보다 더 중요한 것은 최종 목적지를 잊지 않고 거기에 이를 때까지 계속 전진하는 것이다.

학교에서 가르쳐주지 않는 정치력의 비밀

'자기 일이나 착실히 하면 되지, 왜 저렇게 남의 일에 콩 놔라 팥 놔라 야단들일까?' 직장생활 초반에 느낀 감정의 한 단면이다. A씨와 B씨 그리고 그 일당들을 생각하면 지금도 별반 유쾌하지 않다. 그 사람들 때문에 마음고생을 심하게 한 적이 많았기 때문이다.

자신과 비슷비슷한 사람들을 모아 앞서 가는 사람을 이런저런 방법으로 끊임없이 방해하는 사람들이 있다. 승진에서 누락되도록 윗사람을 움직이기도 하고 좋지 못한 소문을 퍼뜨리기도 한다. 일보다는 '정치'에 타고난 능력을 가진 것처럼 보이는 사람들이다. 물론 지나고 보면 그런 사람들이 모두 살아남는 데 성공하지는 않았다. 어쨌든 젊은 시절의 기억에서 아직도 그 사람들을 완전히 지워버리지 못하고 있다.

마음이 약한 사람은 이런 어려움을 극복하지 못하고 직장을 그만두어 버리기도 한다. 하지만 다른 직장으로 옮겨가는 게 상책이 될 수 없다. 그런 이상한 사람들은 어디서나 볼 수 있기 때문이다. 조직에는 어디나 권력이 있고 정치가 있다. 때문에 권력의 생리를 정확하게 이해하고, 자신에게 위해를 가하는 사람으로부터 자신을 보호할 수 있어야 한다. 더 좋은 방법은 권력을 가진 사람에게 호감을 얻도록 노력하는 것이다.

우리는 부모나 주변 어른들에게 성실함과 근면함이 가장 중요하다고 배웠다. 그 두 가지 덕목이 조직생활의 성공에서 무척 중요하다는 사실을 부인할 수는 없다. 그러나 그것만으로는 충분하지 않다. 조직생활에서는 많은 경우 타인의 협조를 얻어 일을 성사시켜야 하기 때문이다. 시험을 치르는 데는 누구의 협조가 필요 없다. 자기가 열심히 하면 그만이다. 하지만 직장생활은 다르다. 타인의 협조를 얻어내야 하고 타인의 방해를 극복해야 한다. 조직 내에서 누가 핵심 인물인지, 그가 무엇을 좋아하는지, 그의 호감을 얻기 위해서 어떻게 해야 하는지 생각하면서 조직생활을 해야 한다.

사회 초년생이라면, 조직 내 권력 관계를 오랫동안 연구해온 스탠포드 대학교 경영대학원 제프리 페퍼 교수가 저서 《권력경영》에서 들려주는 조언에 귀를 기울여야 한다. 한마디로 열심히 하는 것만으로 충분하지 않다는 말이다.

"이 세상에는 열심히 일하고 좋은 실적을 올리기만 하면 성공할 수 있다고 믿는 사람들이 많습니다. 그렇지만 그런 믿음이 언제나 옳은 것은 아닙니다. '좋은 실적'을 정의하는 일 자체가 게임의 규칙을 정하는 다양한 집단과 사람들의 권력에 달렸다는 데서 그 이유를 찾을 수 있습니다. 비록 권력이 '조직의 마지막 더러운 비밀'로 불릴 때도 있지만, 권력과 영향력의 역학을 이해하는 것이야말로 우리 주변에서 일어나는 일들을 점검하고 성공전략을 개발하는 데 필수적입니다."

'지금' 하지 않으면 '다음'은 오지 않는다

"다음에 잘 하면 되죠."

이렇게 말하는 사람은 다음에도 똑같은 말을 늘어놓을 가능성이 크다. 어쩌면 그 사람에게 '다음'은 영영 오지 않을 수도 있다. 사실은 영영 오지 않는다고 마음먹고 자신에게 주어진 기회를 살려야 한다. 순간순간을 차고도 남을 정도로 정성껏 채워나가야 한다. 순간순간을 대수롭지 않게 여겨 최선을 다하지 않으면 삶에서 큰 실책을 초래할 수 있다.

젊은이들은 자신이 긴 시간을 갖고 있다고 생각하기 쉽다. 그래서 '지금 적당히 해도 다음에 잘 하면 되지.'라고 스스로를 위안할 때가 있다. 물론 이런 태도가 도움이 될 때도 있다. 하지만 습관이 되어선 정말 곤란하다.

1972년생으로 미국프로농구 최고 슈퍼스타였던 샤킬 오닐은 마이클 조던 이후 세 번 연속 MVP에 선출될 정도로 대단한 선수였다. 샤킬은 17살 때 텍사스 주 샌안토니오에 있는 콜 고등학교에서 농구 선수로 활약하면서 졸업반 진급을 앞두고 있었다. 그해 여름 그는 NBA 진출을 노리는 학생들이 함께 모이는 여름 캠프에 참가하였다. 그러나 캠프에 들어가자마자 최고급 운동복을 입고 쟁쟁한 실력을 갖춘 캠프 참가자들을 보면서 주눅이 들고 만다.

"열심히 해라. 지금처럼 좋은 기회가 또 어디 있겠니." 어머니는 기죽은 아들을 격려했다. 그러나 샤킬은 '나는 그렇게 대단한 선수가 될 수 없어.' 라는 내면의 목소리에 압도되고 만다.

그래서 어머니에게 "엄마, 지금 당장은 힘들어요. 나중이라면 모를까."라고 말한다. 지나치게 자신에게 기대를 갖지 말라는 말이었다. 그러자 어머니는 "나중이란 누구에게나 오는 게 아니야."라고 호통을 친다. 샤킬은 그 한마디에 자신의 인생이 바뀌었다고 회고한다.《나를 바꾼 그때 그 한마디》라는 책에 나오는 이야기다. 당시 샤킬의 어머니가 한 말은 지금 우리에게도 울림이 크다.

"지금 최선을 다해라. 절대 나중을 기다리지 마라. 뒷자리에서 얼쩡거리지 말고 누군가를 목표로 삼고 따라잡겠다는 의지를 불태워라. 그렇지 않으면 아무것도 얻을 수 없다. 열정을 바쳐 노력해라. 그러면 보답을 받을 것이다."

샤킬은 어머니의 조언에 따라 그 여름 캠프에서 최선을 다했고 1992년 NBA 드래프트에서 다른 선수들을 제치고 1위가 되었다.

절대로 "나중에 잘 하면 되지." "이런저런 조건이 충족될 때 열심히 하겠다."는 말이 입에서 나오지 않도록 해야 한다. 인생의 매 순간순간은 돌이킬 수 없는 승부처다. 결코 돌아올 수 없는 다리를 건너는 것처럼 승부에 다부지게 임해야 한다. 물론 모든 승부에서 이길 수는 없지만 굵직굵직한 게임에서 반드시 이겨야 한다. 그런 성공이 하나하나 쌓이면서 멋진 인생이 만들어지는 것이다.

시도해 보고자 하는 일이 있다면
주저하지 말고 시도하십시오. 마음을
불편하게 하는 의혹은 품고 있지 마십시오.
아무도 해줄 수 없는 일을 스스로에게 해주십시오.
그 밖의 다른 일은 모두 잊어버리십시오.

- 헨리 데이빗 소로우, 《구도자에게 보낸 편지》

기회를 포착해서
내 것으로 만드는 3단계

"서울 황학동 골목에서 장모님이 작은 보쌈집을 하고 있었는데, 눈여겨보니까 그게 돈이 되겠더라고요."

대기업을 그만두고 보쌈집을 시작해서 오늘의 '원할머니보쌈'을 일구어낸 박천희 사장의 회고다. 물론 쉬운 길은 아니었다. 처음 3년간 아내와 함께 하루도 쉬지 않고 매일 밤 2시까지 일을 하느라 몸에 이상이 올 정도로 고생을 했다. 또한 사업이 궤도에 오를 때까지 넘어야 하는 위기가 수없이 많았다.

자수성가한 사람들의 인생 이야기는 어느 것 하나 놓칠 수 없는 살아 있는 교훈이다. 박 사장의 말에서 핵심은 '눈여겨보니까'라는 단어다. 누구에게나 큰 기회 작은 기회가 오게 마련이다. 그러나 이를 알아차릴 수 있는가, 그리고 그것을 포

착해 성과로 연결시킬 수 있는가라는 점이 중요하다. 한마디로 정리하면 '기회 인식 - 기회 포착 - 성과 창출' 3단계를 거칠 때 비로소 기회는 내 것이 된다.

승진, 새로운 문제 해결책 발견, 사업 기회 발견, 재산 축적의 기회 등 어느 경우라도 이 3단계를 거쳐야 한다. 흔히 "인생에는 3번의 큰 기회가 주어진다."라고들 한다. 이처럼 큼직한 기회가 아니더라도 일상의 삶 속에서 작은 기회들은 자주 오고 간다. 이런 기회를 잡으면 그 기회가 다른 기회를 낳고 또 다른 기회로 연결되면서 큰 성장 곡선을 그리게 된다. 그러나 세상살이에는 그냥 주어지는 것이 없다. 여러분의 머릿속에는 기회를 잡기 위한 정교한 레이더가 24시간 동안 가동되고 있어야 한다. 언제, 어디서, 누구로부터 기회가 올지 알 수 없는 일이다.

때문에 그 레이더는 두 가지 핵심 요소를 갖고 있어야 한다. 하나는 잘되고 싶다는 욕망이고 다른 하나는 호기심이다. 매사를 대충대충 설렁설렁 넘겨버리지 말고 눈여겨볼 수 있어야 하고, 귀담아들을 수 있어야 한다. 무심한 사람은 아무리 좋은 기회가 주어져도 기회를 인식하지 못한다. 늘 깨어 있어야 한다. 출퇴근길이나 매일 반복하는 업무 속에서도 '저건 왜 저럴까?' 라는 질문을 자신에게 던질 수 있어야 한다. 똑같은 것을 다르게 보거나, 다르게 듣는 데서 기회는 시작된다. 그러므로 남들과 다르게 생각하고, 다르게 보고, 다르게 듣고, 다르게 느끼는 것에 대해서 조금도 이상하게 생각할 필요가 없다.

다른 사람들이 어떻게 기회를 알아차렸는지 관심 있게 보는 일도 도움이 된다. 한 분야에서 획을 긋는 데 성공한 인물들의 인터뷰에 이런 내용이 자주 등장한다. '음, 이 사람은 이렇게 기회를 알아차렸구나.' 라고 고개를 끄덕거리는 경험을 자주 해보기를 권한다. 동시에 '나라면 이렇게 했을 텐데' 라는 문장을 더할 수 있다면 더 바람직하다.

1700년대 런던에 사는 조너스 핸웨이는
비가 올 때 왜 비를 고스란히 맞아야 하는지
이해할 수 없었다. 그는 동양에서 햇빛을 가리기 위해
쓰던 천막 모양의 신기한 물건을 보고,
비를 피하는 데 응용했다.
이렇게 해서 생겨난 것이 바로 우산이다.

- 프랭크 미할릭,《느낌이 있는 이야기》

실패를 성공으로 바꾸는 후회의 기술

일단 시도해보고 깨우칠 때가 있다. 실수나 실패를 하고 난 다음에 '이건 아니다'라는 깨달음을 얻는 경우가 있는 것이다. 물론 큰 실수는 피해야 하겠지만 사람의 일이라는 것이 그렇게 간단치 만은 않다. 여기에 소개하는 한 젊은이의 이야기는 우리 모두의 이야기가 될 수 있다.

캐나다 출신인 닐 로즈는 학위를 마친 다음 시카고에 있는 노스웨스턴 대학 조교수로 임명되었다. 캐나다의 작은 마을 출신이 미국 학계에서도 알아주는 쟁쟁한 학교에 임용되었다는 것만으로 인간 승리라 할 수 있다. 그러나 그의 마음속에는 늘 평화롭고 아름다운 캐나다의 고향 마을이 떠나지 않았다.

그런 와중에 고향인 캐나다의 밴쿠버에 좋은 자리가 나게 된다. 마침내 가족과 오랜 친구들과 함께 지낼 수 있는 기회가 주어진 것이다. 그는 학문적으로 크게 성장할 수 있는 노스웨스턴 대학교를 떠나야 하는 문제를 두고 심각한 고민에 빠진다. 오랜 고민 끝에 결국 캐나다의 사이먼프레이저 대학교로 떠나기로 결정한다. 그러나 이직하고 난 뒤 불과 몇 달이 지나지 않아서 그는 자신의 결정이 큰 실수였음을 깨닫게 된다. 닐 로즈 교수는 이렇게 고백한다.

"내 인생을 망쳤다는 느낌이 들었다. 얼마의 시간이 지나고 나자 시카고에서 밴쿠버로 이사한 것이 내 일생 최악의 결정이라 느껴졌다. 노스웨스턴 대학의 직장생활, 동료, 학생들 그리고 시카고의 친구들이 그리웠다. 미국에서의 삶도 그리웠다. 이런 강력한 후회를 경험하자 나는 최근의 내 인생에 대해 강박적으로 다시 생각하게 되었다. 스스로 삶을 망쳤다는 생각에 새벽 3시에 갑자기 식은땀을 흘리면서 잠에서 깨기도 했다."

여러분이 비슷한 상황이라면 과연 어떤 결정을 내릴까? 아무리 후회해도 돌이킬 수 없는 일. 그는 후회와 한탄으로 시간을 흘려보내지 않고 이미 내린 결정을 기정사실로 받아들인다. 그리고 치명적인 실수를 바탕으로 더 현명한 결정을 내리기 위해 두 달 동안 후회한 다음 미국 중서부 지역에 새로운 직장을 찾기 위해 나서게 된다. 1년 뒤 그는 일리노이 대학에 자리를 얻는다.

닐 로즈 교수는 개인적인 경험을 바탕으로 '후회와 사후가정사고(事後假定思考)'라는 심리학 분야의 권위자로 우뚝 서게 된다. 후회는 결코 피해야 하고 비난받을 것이 아니라 긍정적인 의미를 지니고 있다는 것이다. 그는 저서 《If심리학》에서 '이건 아냐'라며 깊이 후회하고 있는 사람들에게 이런 조언을 아끼지 않는다.

"후회를 억누르기보다는 후회를 즐기고 새로운 행동을 이끌어내기 위해 그 감정을 활용하는 것이 중요하다. 후회를 깊이 경험하는 것은 가치가 있다. 후회의 감정은 우리에게 무언가를 제시하고, 우리가 진정으로 원하는 것이 무엇인지를 알려준다. 그 목소리에 귀를 기울여야 한다. 그럼으로써 새로운 통찰이 얻어진다. 우리는 거기에 빠르게 대응해야 한다."

누구든 큰 실수를 할 수 있다. '나는 이제 끝났어'라는 단말마의 비명이 나올 정도로 엄청난 실수를 할 수 있다. 다만 이런 순간에 패닉 상태에 빠지지 말아야 한다. 그리고 이미 내려버린 결정을 회수가 불가능한 비용, 즉 '매몰비용(sunk cost)'으로 여기고 흰 도화지에 새로운 그림을 그리듯이 행동해야 한다. 그런 사람이라면 실수나 실패를 오히려 역전의 기초로 삼을 수 있을 것이다. 실수도 사용하기 나름이다.

절대 빠져서는 안 되는 유혹 1

"그때 돈 가방을 택시 밖으로 내동댕이치지 못한 것이 천추의 한으로 남게 됐다. 그날 비가 많이 왔는데, 얼떨결에 가방을 받았다. 돌려주려고 수차례 전화를 했지만 연락이 안 됐고 나중에 통화가 돼 돈을 가져가라고 했는데도 그러지 않아 차일피일 미루다 사용하게 됐다."

공직에 있던 J씨가 뇌물을 받은 상황을 법정에서 이렇게 진술한다. 피의자의 이야기를 그대로 믿을 수는 없지만 정황을 미루어볼 때 과장된 이야기만은 아님을 짐작할 수 있다.

누구에게든 그런 순간이 있을 수 있다. 자리가 올라갈수록, 나누어줄 수 있는 권리가 클수록 청탁성 부탁이나 돈을 받을 수 있는 가능성이 한층 높아진다. 술자리처럼 판단력이 흐려진 틈을 이용할 수도 있고 선후배 관계나 이런저런 연줄을 이용할 수도 있다. 어떤 기회나 끈을 이용해서라도 여러분의 코를 꿰어놓고 싶어 하는 사람이 생길 것이다. 그런 경우 어떻게 현명하게 대처할 것인지, 미래 준비

차원에서 고민해 봐야 한다.

법정에서 가슴에 쌓인 회한을 털어놓은 사람은 세무담당 공무원 가운데서도 승승장구하던 사람이었다. 그의 나이 불과 53세. 그런 일을 당하게 되면 살아온 날들의 명예는 물론이고 남아 있는 시간을 어떻게 보내야 하는가라는 문제가 남게 된다.

뇌물이란 것이 준 사람은 절대로 잊어버리지 않고 받은 사람은 쉽게 잊을 수 있는 비대칭적인 성격을 갖고 있다. 하늘 아래 비밀이 없다는 말이 있지만 뇌물은 정말 그렇다. 위의 경우 돈을 준 업자는 "세무비리 조사 무마 같은 도움을 받으려고 한 것은 아니다"라고 대가성을 부인하였다고 한다. 그러나 세상에 공짜가 어디 있겠는가.

애매한 상황에 처하게 되면 자기 자신에게 이렇게 물어보면 된다. '만일 지금 상황이 신문에 보도된다면 나를 잘 알지 못하는 사람들은 어떻게 판단할까?'라고 말이다. 그러면 어떻게 행동해야 할지 명쾌하게 답이 나온다.

청탁성 돈에 대해서 나름대로 원칙을 분명히 해두는 것이 좋다. 상황이나 사안별로 처리하게 되면 위의 사례처럼 위험에 처하게 된다. 사람은 자신의 행위를 합리화하는 데 뛰어난 존재이기 때문이다. 원칙을 정해두고 어떤 경우에도 예외 없이 지키는 것이 좋다.

푼돈 때문에 여러분의 경력과 명예 그리고 젊은 날을 위험에 빠뜨리지 않도록 해야 한다. 만일에 그런 상황에 자주 처하게 된다면 그 자리를 떠나야 한다. 뇌물을 주는 사람이 아무리 감언이설을 늘어놓더라도 결국 모든 관계는 이해관계로 끝나게 된다. 여차하면 그런 일이 여러분을 향한 칼날로 바뀔 수 있음을 기억해야 한다.

상대방이 어떤 말로 읍소하더라도 단호해야 한다. '죽느냐 사느냐 그것이 문제'
가 아니라 '받느냐 안 받느냐 그것이 문제' 일 뿐이다. 이 점을 기억하기 바란다.

절대 남의 말을
듣지 말아야 할 때

"공 박사님, 멘토가 누구십니까?"

신문이나 잡지에서 인터뷰를 할 때 자주 받는 질문이다. 여러분은 어떤 답이 나오리라고 기대하는가? 질문을 하는 사람은 늘 한 사람 혹은 몇 사람의 이름을 기대한다. "글쎄요, 저는 멘토라고 부를 만한 특정 인물은 없습니다."라고 내가 대답하면 대개 "의외네요."라는 반응을 보인다.

멘토나 멘티는 일종의 유행이 아닐까 생각한다. 그렇다고 해서 내가 다른 사람들에게 도움을 청하지 않는 것은 아니다. 연세가 많으신 분, 자신의 분야에서 큰 업적을 남긴 분, 인품이 훌륭한 분을 만날 때면 나는 늘 "이런 경우에 처하면 어떻게 하시겠습니까?" 혹은 "앞으로 상황을 어떻게 예상하십니까?"라는 질문을 자주 던진다. 그리고 늘 진지하게 듣고 그분들의 의견을 참조한다. 한마디로 타인의 의견이나 주장에 대해서 늘 열려 있는 자세를 유지하고 배움을 청하는 데 무척 열심이다. 하지만 굳이 멘토라는 이름을 걸고 특정인을 정기적으로 만나 의견을 구하는 일은 즐겨하지 않는다.

호리바제작소의 회장인 호리바 마사오 씨는 일본 벤처업계의 선구자로 통하는 인물이다. 그가 쓴 책 가운데 《남의 말을 듣지 마라》가 있다. 그는 자신이 잘 아는 오너 경영인들 가운데 남의 말을 듣지 않는 완고한 사람들이 의외로 많다고 한다. 그는 "벤처 비즈니스를 하는 사람에게 남의 말은 죽음에 이르는 독약이 될 수도 있다"고 단언하기도 한다. 또 "지금 이런 비즈니스에 대해서 고민하고 있는데, 해도 괜찮을까요? 아니면 그만두는 편이 좋을까요?"라는 질문을 가장 싫어한다고 한다. 이처럼 중요한 판단을 어떻게 남에게 맡길 수 있느냐는 것이다. 호리바 회장은 인생이나 사업의 중요한 결정을 깊은 생각 없이 남의 말에 의존하려는 최근의 유행에 대해서도 따끔하게 충고한다.

"어떤 문제가 발생했을 때 남의 말에서 대답을 찾아서는 안 된다. 대답은 모두 자기 자신 안에 있기 때문이다. 나는 심각한 고민에 빠졌을 때 남의 말을 듣지 않는다. 고민이 클수록 내 마음을 들여다보는 것이다."

맞는 말이다. 자기 의견을 세우기 위해 치열하게 고민하는 과정 없이 멘토라 불리는 상대방의 의견을 지나치게 믿는 일은 경계해야 한다.

나는 멘토란 경청할 만한 의견이나 지식, 정보를 가진 모든 사람으로 정의하고 싶다. 책을 읽을 때 나는 수많은 사람과 수많은 상황을 만나게 된다. 그런 상황에 처한 모든 사람들이 나에게 멘토가 될 수 있다. 특정 상황을 앞두고 주변 사람에게 의견을 물어볼 수 있다. 이들 역시 한시적인 멘토가 될 수 있다. 그러나 특정인을 멘토로 정해두는 방식은 굳이 권하고 싶지 않다.

강수진의 못생긴 발.
그러나 이러한 발끝에서 세상 가장 아름다운 춤이 시작된다.

나만의 전문 분야를 만들어라

"젊은이여, 세상이 그대를 몰라주더라도 절망하지 말라. 젊었을 때 이를 악물고 실력을 연마하라. 실력은 생존경쟁의 절대무기다. 거기다 고매한 인격까지 겸비할 수 있다면 그대는 문자 그대로 천하무적의 반열에 오를 수 있다. 물론 그대가 지하도에서 노숙을 하면서도 여생을 즐겁게 보낼 수 있는 성품을 가졌다면 젊은 날을 허송세월로 보내도 상관없겠지만."

촌철살인(寸鐵殺人)으로 가득 찬 이외수 선생의 《하악하악》을 읽다가 가슴 깊이 '필' 이 와 닿는 문장이 있어 옮겨 보았다. 젊은 날은 정말 짧다. 되돌아보면 주마등처럼 순식간에 스쳐 지나가버린다.

젊은 시절에 평생 동안 자신을 지켜줄 비밀병기를 마련하지 못한다면 중년 이후의 인생이 얼마나 험난할까. 그런데 직접 당해보지 않으면 알기가 힘든 것이 삶이다. 내세울 만한 기술(혹은 영역) 하나 없이 식솔이 딸린 중년의 가장이 되는 것은 참담한 일이다.

어디라도 쉽게 움직일 수 있는 나이에 어떻게 해서라도 자신만의 고유한 영역을 만들어내야 한다. 이를 위해 우선 세상살이에 대해서 오만함이나 자만심을 갖지 않아야 한다. 다시 말하자면 약간 겁을 먹는 것도 좋다는 말이다. 겁이란 그냥 생기지 않는다. '지금처럼 이렇게 살면 앞으로 어떻게 될까?' 하는 생각을 하면서 살아야 한다. 그런 생각이 없으면 그야말로 현재를 즐기는 일에만 매진하게 된다.

늘 만나는 사람만 만나서 밥 먹고 술 마시면서 시간을 보내지 말고, 이따금 다른 분야에 있는 사람들도 만나야 한다. 세상이 어떻게 돌아가는지, 자신은 어디에 서 있는지, 앞으로는 어떤 세상이 펼쳐질지 알기 위해 노력해야 한다. 내가 나서지 않으면 아무도 가르쳐주지 않는다.

세상과 미래를 보는 눈을 키우는 데 가장 크게 도움이 되는 것은 독서다. 미래를 다룬 서적들을 충실히 읽어나가다 보면, 자연스럽게 자신의 미래 모습을 생각하게 되고 무엇을 준비해야 할 것인지도 고민하게 된다. 앞으로 자신의 분야에서 고객들이 절실하게 요구하게 될 기술은 무엇이 될지, 그리고 나이를 먹더라도 자신을 뚜렷하게 차별화할 수 있는 기술은 무엇인지 찾아야 한다. 한 기업의 최고경영자와 마찬가지로 여러분은 자신의 인생을 책임지고 준비해야 한다는 점에서 '인생의 최고경영자(CEO)'인 셈이다.

주변을 둘러보면 성공한 사람들 가운데 자신의 경력을 잘 관리해 온 이들이 있을 것이다. 그런 사례를 눈여겨보는 일도 도움이 될 것이다. 타인의 경험과 시행착오에 자신의 계획을 대비해보면 지름길을 찾는 데 도움을 받을 수 있다.

특정 분야를 선택해서 젊은 날부터 엄청난 투자를 한다고 해서 처음의 기대와 꼭 맞아떨어지는 결과가 있으리라고 아무도 장담하지 못한다. 행운이란 부분도 무시할 수 없기 때문이다. 그러나 노력하다 보면 길이 조금씩 보이게 마련이다. 지나치게 초장부터 머리를 굴리다 보면 할 수 있는 일이 아무것도 없다.

재능은 노력을 이기지 못한다

40세 전후가 되면 대체로 삶의 윤곽이 드러나게 된다. 물론 마흔이 훨씬 넘어 인생의 후반기에 화려하게 꽃을 피우는 사람들도 있지만, 대체로 40세가 인생의 중요한 분기점이라고 할 수 있다. 때문에 25세를 전후해서 직업 세계에 뛰어든다면 이후 15년 정도가 직업인으로서 뿐만 아니라 인생의 승패를 결정하는 데 매우 중요한 시기라 할 수 있다.

27세에 직장생활을 시작한 내 젊은 날을 되돌아보면 이 말이 거의 들어맞는다. 40세를 전후해서 어떤 분야에서 이름을 날릴 수 있는지 기본 토대가 만들어진다. 이 시기를 놓친다고 해서 전문가로서 입신하지 못하는 것은 아니다. 하지만 결정적인 시기를 활용하지 못하는 것은 몹시 안타까운 일이다.

아마도 이 책을 읽는 독자들은 직업인으로서 우뚝 설 수 있는지를 결정하는 시기를 지나고 있을 것이다. 이 시기에 독보적인 영역을 만드는 방법은 뭐니 뭐니 해도 '10년 법칙(the 10 year-rule)'에서 그 해답을 찾아야 할 것이다. 나는 이미 《명품 인생을 만드는 10년 법칙》이란 책을 통해서 독보적인 영역을 구축하는 데 성공하는 전문가의 길에 대해서 말한 바가 있다. 하지만 너무나 중요하기에 다시 한 번 강조해 두고 싶다.

독보적인 영역을 만들기를 원하는가? 그렇다면 최소한 10년 동안 모든 에너지를 바쳐 자신의 분야를 집요하게 추구해야 한다. 그런 치열한 노력의 기간이 필요하다. 이런 담금질 과정 없이 독보적인 영역을 구축하기란 불가능하다고 본다. 그 과정에서 전문가에게 필요한 문제 해결 능력, 기회를 포착하는 능력 그리고 창의적 발상 능력 등이 여러분의 뇌에 차곡차곡 자리 잡을 것이다. 독보적인 영역을 구축하는 일은 일종의 두뇌혁명에 해당한다.

독보적인 영역을 개척함에 있어서 처음부터 하고 있는 일이 재미있을 수는 없다. 처음부터 자신에게 꼭 맞는 분야를 택할 수도 없다. 일단 열심히 하다 보면 재미도 느끼게 되고 어떤 영역이 자신에게 꼭 맞는 것인지 찾아내게 된다.

무엇보다 머리를 쓰면서 열심히, 열심히 하는 기간이 반드시 필요하다. 일단은 양으로 밀어붙여야 한다. 자신이 구축하고자 하는 분야에 투입하는 절대적인 시간이 길어야 한다. 정시에 출근하고 땡 하면 퇴근하고, 주말은 모두 챙겨서 취미생활에 투자하고, '빨간 날'은 모두 쉬어야 한다면 독자적인 영역을 구축하는 프로젝트에서 성공하기 힘들다.

천재 같은 머리를 가지고 있어도 마찬가지다. 천재라도 10년 법칙은 예외가 될 수 없다. 모차르트, 프로이트, 아인슈타인, 피카소, 스트라빈스키 같은 창조적 거장에 대해서 연구한 하버드대학교 심리학자 하워드 가드너 역시 창조적 거장의 토대는 10년 법칙에 있다고 말한다. 하워드 가드너 교수는 "어느 분야의 전문 지식에 정통하려면 아무리 열광적으로 몰두했더라도 최소한 10년 정도는 꾸준히 노력해야 한다. 창조적인 도약을 이루기 위해서는 10년 정도의 꾸준한 노력이 선행되지 않으면 의미 있는 도약을 이룰 수 없다"고 주장한다.

삶은 결국 선택하는 것이다. 직업 세계의 초반 10년을 어떻게 보낼 것인가? 놀 것인가 아니면 일할 것인가? 나는 후자를 선택했다. 그 결과 만족할 만한 수준은 아니지만 한 분야에서 독보적인 영역을 개척하는 데 약간의 성과를 거두게 되었다.

사소한 일에
최선을 다해야 하는 이유

입사한 지 몇 개월이 지나도 복사 기능을 속속들이 알거나 알려고 노력하는 신입사원은 정말 드물다. 상사의 부탁으로 복사를 할 때도 어떻게 하면 복사의 질을 더 낫게 만들까 고민하는 직원은 거의 없다. 팩스도 마찬가지다. 어떻게 하면 상대방을 더 만족시킬 수 있을지 생각하고 팩스를 보내는 경우도 드물다. 그렇게 하려면 당연히 팩스기 매뉴얼을 읽어봐야 하는데 그런 신입사원은 거의 없다. 상사의 부탁으로 커피를 탈 때도 마찬가지다. 이왕 하는 일이라면 상사와 손님을 위해 맛있는 커피를 타야겠다고 연구하는 직원은 더더욱 드물다. 허드렛일을 시키면 대학 교육을 받은 사람들은 하나같이 입이 툭 튀어나와서 불평을 늘어놓는다. "내가 커피나 타고 복사하려고 입사했나!" 하고 말이다.

그러나 세상에 사소한 일은 없다. 다만 그 일을 사소하게 생각하는 사람이 있을 뿐이다. 작은 일을 확실히 해내지 못하는 사람은 큰일도 확실히 처리하지 못한다. 큰일이든 작은 일이든 깔끔하고 완벽하게 처리하는 것은 마음먹기에 달려 있는 게 아니라 습관의 결과이기 때문이다. 작은 일이든 큰일이든 확실히 마무리하는 습관을 갖는 것은 엄청나게 중요하다. 나도 걸어온 길을 되돌아보면 결국 작은 일들에 충실했기 때문에 기회를 잡을 수 있었다. 그런 태도로 임했기에 기회를 줄 수 있는 자리에 있는 사람들을 감동시킬 수 있었다.

나는 1년에 300회가량 강연회를 한다. 그러다 보니 다양한 강연장에서 다양한 직원들을 만나게 된다. 마음에 쏙 들게 강연장 준비를 하는 사람도 있지만 그렇지 못한 사람들이 더 많다. 사소한 일을 대하는 직원들의 태도와 마음가짐이 다르기 때문이다.

어떻게 하면 작은 일부터 깔끔하게 처리할 수 있을까? 우선 일에 대한 생각을 바꾸어야 한다. 작은 일과 큰일은 있지만 사소한 일은 없다. 사소한 일이라고 생각하는 순간 결과 역시 사소하게 나올 수밖에 없다. 무슨 일이 주어지든지 간에 기대수준을 최고나 완벽함까지 끌어올려야 한다. 강연을 위한 준비를 한다면 청중과 강연자라는 두 입장에서 꼼꼼하게 챙기도록 해야 한다. 현장에서 해결하려고 하면 늘 허점이 나올 수밖에 없다.

무슨 일을 하든지 간에 정해진 시간 내에 최고의 성과를 내야 하는 특별 프로젝트라고 생각하면 된다. 수첩에 '0000프로젝트'라는 제목을 붙이고 날짜와 시간을 적은 다음 체크포인트를 꼼꼼하게 적는다. 기록하는 데 필요한 시간이라고 해야 5분에서 10분 남짓 걸릴 것이다. 체크리스트를 하나하나 점검하면 된다. 미진한 부분이 있다면 '내가 고객이라면' 이라는 질문을 다시 한 번 던져보라. 놓친 부분을 보완할 수 있다.

무엇보다 사소한 일이 성공으로 가는 길목을 장악하고 있음을 강하게 믿고 살아야 한다. 고객을 만나기 전에 준비를 철저히 하고, 약속 시간에 10분 일찍 도착해서 미리 점검하는 세일즈맨이라면 거의 성공한다고 보면 된다.

결국 일을 대하는 생각의 차이가 결과의 차이를 낳는다. 다들 큰일, 대단한 일만 잘하면 된다고 생각하기 쉽다. 그러나 의외로 성공은 남들이 모두 사소하게 여기는 일에서 결판난다. 꼼꼼하고 치밀하지 못하면 성공하기 힘들다.

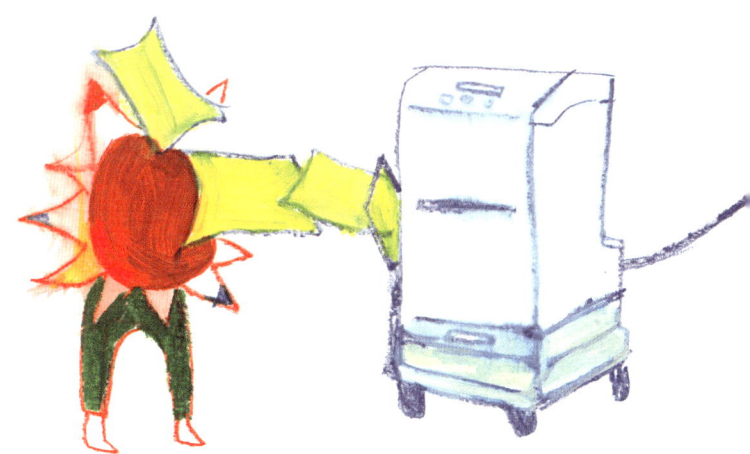

성공은 머리가 아니라 엉덩이의 힘이다

세상에 똑똑한 사람은 정말 많다. 학벌 좋고 머리 좋은 사람들도 수없이 많다. 그런데 그들이 모두 자신이 원하는 인생을 살아가는 것은 아니다. 왜 그럴까? 성공에는 똑똑함이나 민첩함 같은 요소 이외에 반드시 필요한 요소가 한 가지 더 있다. 이 부분에 대해 젊은이들은 특별히 주목해야 한다.

흔히 작가들은, 글은 펜으로 쓰는 것이 아니라 엉덩이로 쓴다는 말을 자주 한다. 다시 말하면 총명함이 글을 쓰는 원천만은 아니라는 점이다. 무엇을 하더라도 꾸준히 열심히 오랜 기간 동안 할 수 있는가 하는 점이 중요하다.

나는 그동안 직장생활을 하면서 정말 많은 사람의 부침을 지켜보았다. 한때 언론의 주목을 받으면서 한껏 무대의 중심에 섰다가 갑자기 사라져버린 사람, 타고난 머리로 일찌감치 보는 시험마다 합격해서 이력서의 첫 장을 화려한 기록으로 꽉 채운 사람도 많이 보았다. 그러나 인생은 생각보다 긴 레이스이다. 긴 경주에서 궁극적으로 승리하는 사람은 자신의 총명함을 믿고 자만하며 사는 사람이 아니라 끈기로 자신의 부족함을 채워온 사람임을 알 수 있다.

글은 엉덩이로 쓴다는 말은 작가에게만 해당되는 말이 아니다. 여러분이 지금 어디서 어떤 일을 하고 있든지 간에 "성공은 머리가 아니라 엉덩이에 의해 결정된다."는 말을 꼭 기억하기 바란다. 끈기가 없으면 아무 일도 성사시킬 수 없다.

조그만 변화나 이익에 따라서 이리저리 옮겨 다니지 말고 신중하게 결정해야 한다. 세상의 변화가 아무리 심하다고 하더라도 성공의 원천은 크게 변함이 없다. 왜냐하면 기계가 성공을 이끄는 것이 아니라 사람이 성공을 만들기 때문이다. 투자만으로 세계 최고의 거부가 되었고, 기부 면에서도 세계 최고를 기록한 워렌 버핏이 노년에 공개하는 인생의 조언을 주목하기 바란다.

"세상에 어느 것도 끈기를 대신할 수 없다. 재능도 끈기를 대신할 수 없을 것이다. 재능을 지녔음에도 불구하고 성공하지 못하는 경우가 비일비재하다. 천재도 끈기를 대신할 수 없다. 성공하지 못한 천재가 얼마나 많은가. 교육도 이를 대신할 수 없다. 세상은 교육받은 낙오자들로 가득 차 있다. 끈기와 결단력만 있으면 못할 일이 없다." (앤드류 킬패트릭, 《워렌 버핏 평전 2》)

지나온 날에 대해 아쉬움이 많을 것이다. 좀 더 나은 학교를 나왔더라면, 좀 더 공부를 하였더라면 하는 아쉬움이 있다면 지금부터 부족함을 채워가기 바란다. 남보다 더 열심히 쉼없이 노력한다고 다짐하기 바란다. 끈기야말로 성공으로 가는 최고의 열쇠다.

캘리포니아에 살면 더 행복할까?

심리학에 '초점주의(focalism)'라는 용어가 있다. "초점이 되는 요소나 사건 혹은 현상에 지나치게 주의를 집중하고 그 밖의 사건이나 현상을 부시함으로써, 미래의 행복에 대해 잘못된 예측을 하는 것"을 뜻한다. 흔히 '초점주의의 문제(a problem of focalism)'라고도 불린다. 예를 들어, 미국 중서부 지방에 사는 사람들에게 캘리포니아에서 사는 삶이 어떠하겠느냐고 물으면 대부분 "캘리포니아의 삶은 멋있고 근사할 것이다"라고 대답한다. 왜냐하면 중서부에 부족한 따뜻한 햇볕 같은 특정 요소에만 주의를 기울이기 때문이다. 하지만 다양한 연구는 중서부 지역 사람이나 캘리포니아 사람이나 행복 수준이 별 차이가 없음을 보여준다. 중서부 사람들이 행복을 예측하는 데 일조량 이외에 다른 요소들을 충분하게 고려하지 않았기 때문에 이런 오류가 발생한 것이다.

초점주의의 문제는 행복을 예측할 때만 생기는 게 아니다. 대부분의 미래 전망과 관련해 발생한다. 직장에서 의사결정을 내릴 때도 특정 요소에만 집중함으로써 얼마든지 잘못된 의사결정을 내리고 잘못된 행동을 할 수 있다.

초점주의는 우리가 인식하지 못하는 사이에 거의 무의식적으로 일어나기 때문에 특별한 노력을 하지 않으면 막을 수 없다. 고객의 필요를 읽기 위한 노력, 고객 만족과 관련된 일, 기회를 잡는 일, 미래를 전망하는 일, 경력을 관리하는 일, 업무를 추진하는 태도, 동료나 상사를 평가하는 일 등 모든 면에서 지나치게 특정한 요소나 사건에 치중함으로써 정확한 해답(전망치)을 얻지 못하는 경우가 자주 생긴다.

그러므로 '큰 그림'을 보기 위한 나름의 방법을 갖고 있어야 한다. 어떻게 해야 할까? 우선은 '첫인상'에 지나치게 집착해서는 안 된다. 첫인상이나 직관은 충분히 가치 있는 정보다. 하지만 그런 정보를 최종적인 것으로 간주하고 싶어 하는 자신에게 브레이크를 걸 수 있어야 한다. 왜냐하면 뇌는 어떤 것을 설명하거나 예측할 때 첫인상이나 직관을 마련하는 선에서 작업을 멈추길 원하기 때문이다. 이때 뇌에게 '첫인상은 중요하지만 반드시 검증을 받아야 해'라는 명령어를 전달해야 한다. '첫인상이나 직관이 틀릴 수도 있기 때문에 계속해서 답을 찾아보라'는 명령을 내려야 하는 것이다.

초점이 되는 요소나 사건에서 약간 물러서서 '다른 요소는 없을까'라는 의문을 갖고 답을 찾아봐야 한다. 이때 찾으면 좋고 못 찾으면 할 수 없다고 생각하지 말고 적극적으로 몇 가지 추가적인 요소나 사건을 찾기 위해 고민해야 한다.

뿐만 아니라 본인이 평소에 갖고 있던 선입견이나 고정관념 그리고 통념이 새로운 요소나 사건을 찾는 데 영향을 미치지 않도록 주의해야 한다. 이때 필요하다면 다른 사람들의 의견을 청취하거나 읽는 것도 크게 도움이 된다. 중요도에는 차이가 있겠지만 결과에 영향을 미치는 다양한 요소를 고려할 수 있다면, 자연히 큰 그림을 갖고 넓게 그리고 멀리 볼 수 있다.

한국인이 대세를 따르는 이유

아이든 어른이든 이 땅에 사는 사람들은 이리저리 쉽게 잘 쏠린다. 사회적 이슈가 부각되거나 특정 상품이나 영화가 뜨면 너나 할 것 없이 '우' 하고 한쪽으로 쏠린다. 때문에 정치, 문화, 사회, 경제 등 모든 면에서 대세가 어디에 있는가를 파악하거나 전망하는 일은 한국인에게 중요하다. 왜냐하면 일단 대세에 편승하면 스스로 잘하고 있다는 생각뿐만 아니라 심적인 불안감을 없앨 수 있기 때문이다.

학자들의 연구 결과도 이와 별반 다르지 않다. 연세대 심리학과 황상민 교수는 "한국 사회에서 대중에게 중요한 것은 '무엇이 대세냐'이다. 이것을 아는 것은 대중에게 생존의 문제이다."라고 주장한다. 그 원인을 두고 황 교수는 "남들과 비교하고 남에게 지지 않으려는 성향이 강할수록 대세를 찾고 또 그것을 따르는 것이 더욱 중요하다."고 말한다.

대중 소비사회는 어느 사회나 대세추종형 인간 유형이 많은 것이 사실이다. 솔직히 이것저것 깊이 생각해 보지 않고 대세를 추종하는 것이 살아가는 데는 편한 방법일 것이다. 한국인은 유독 대세를 추종하는 성향이 강하다. 젊은 세대라고 예외가 아니다.

한 가지 분명한 사실은 무작정 대세를 추종하다 보면 치명적인 손실을 입을 수 있다는 점이다. 우리는 지금 한 사람의 평생이 달려 있는 전공 학과를 선택하는 데도 남들이 좋다는 대학과 학과를 추종한다. 불행하게도 대세란 어느 날 갑자기 뒤바뀔 수 있는데도 이를 꼼꼼히 따져보지 않는 사람들이 많다는 것은 놀라운 일이다. 상품이나 서비스를 구매하는 일부터 사회적 이슈에 대한 자신의 의견이나 행동을 결정하는 부분에 이르기까지 대세를 따르는 데 대해 누구도 의문을 갖지 않는다.

무작정 대세를 따르다보면 나중에 반드시 비용을 치르게 된다. 자신만의 의견이나 관점을 갖고 스스로 생각하지 못하는 사람은 평생 동안 남의 일에 설거지나 하다가 시간을 흘려보낼 가능성이 높다. 그러니까 자신이 무대의 주인공이 되는 것이 아니라 타인의 연기를 위한 조연의 위치에 머물고 말게 된다. 투자를 할 때도 자신만의 관점 없이 다른 사람들이 하는 대로 따른다면 과연 돈을 벌 수 있겠는가? 상품이나 서비스를 내놓을 때도 자신만의 통찰이나 판단 없이 다들 하는 미투(Me-too) 제품이나 서비스를 내놓는다면 과연 돈을 벌 수 있겠는가?

대세추종이 마음 편하고 고민 없는 삶의 방식일지 모르지만, 그렇게 살면 무난하게 살 수 있을지 모르지만, 성공에는 결정적인 걸림돌이 된다. 젊은 날부터 '남들이 뭐라 하더라도 나는 이렇게 생각한다'는 베짱이 있어야 한다. 내 의견을 상대방에게 설득할 수 있는 실력이나 노력이 뒤따라야 한다. 그냥 무난하게 대세를 추종하는 것은 거대한 소비 그룹의 일원으로 살아가는 데는 안성맞춤일 것이다. 그러니까 신제품이나 서비스를 소비만 해주는 대상이 되기 십상이다.

여러분은 남들이 만든 상품이나 서비스를 소비해주기만 하는 그런 사람으로 살다 가고 싶은가? 나는 내가 주역이 되고 싶다는 강한 욕구를 갖고 있는데, 여러분은 어떤가? 인생이란 무대에서 주역이 되고자 한다면 대세를 의심해볼 수 있어야 한다. 그리고 자기 머리로 자기 생각을 할 수 있는 능력과 습관을 가져야 한다.

출세의 고질병에
걸리지 않는 방법

K씨는 요직을 두루 거친 사람이다. 옮기는 자리마다 기대한 만큼 때로는 기대 이상의 실적을 거두었다. 오랫동안 여러 자리를 옮겨 다니면서 장수할 수 있었던 나름의 비결에 대해 K씨와 이야기를 나눈 적이 있다.

"저는 새로운 자리를 맡게 되면 그 자리를 내가 만들지 않았다는 사실을 새삼 나 자신에게 주지시킵니다. 그러니까 남이 만들어준 자리는 인사권자의 명령에 의해서 언제든 바뀔 수 있다는 사실 말입니다. 언제든지 떠날 수 있다는 마음을 갖고 있으면 초심을 잃지 않을 수 있고, 잠시 머무는 자리가 주는 힘으로 호가호위(狐假虎威)하지 않게 됩니다."

사실 이렇게 살기는 정말 힘든 일이다. 조금이라도 높은 자리에 앉게 되면 그 자리가 마치 자신을 위해 마련되기라도 한 듯이 목에 잔뜩 힘을 주고 폼을 잡게 되는 게 인지상정이다. 그러다 보면 자연히 예전에 잘 지내던 사람들과 불협화음을 낳게 되고 결국 '사람 변했다'는 오명을 뒤집어쓰게 된다.

야심 있고 열심히 하는 사람이라면 대부분 남보다 먼저 승진하고 앞서 가게 된다. 그럴 때면 늘 기억해야 하는 사실이 있다. 아무리 친하게 지내는 사람이라도 인간인지라 착잡한 마음을 갖기가 쉽다는 점이다. 윗사람은 아랫사람에게 젊음과 패기에서 열등감을 느낄 수 있고, 동료라면 질주하는 동료에게 질투와 시기심 그리고 패배의식을 느낄 수 있다. 그래서 똑똑한 사람은 자신도 모르게 다른 사람에게 불편함을 안겨 주고 있음을 분명히 알고 있어야 한다. 한마디로 본인의 의도와 상관없이 다른 사람들을 불편하게 하고 있음을 인식해야 한다. 물론 "당신도 더 열심히 하면 되잖아."라고 말할 수 있지만, 모두가 다 잘할 수는 없는 일이다. 때문에 스스로 출세의 길에서 남보다 앞서 가고 있다는 생각이 들 때면 '이것은 내가 누릴 수 있는 천부의 권리다.'라고 생각하기보다 조금 뒤떨어진 사람을 배려하는 마음을 갖도록 해야 한다.

사람 일이라는 것이 참으로 묘해서 앞선 사람이 뒤설 수도 있고 뒤에 선 사람이 앞지를 수도 있다. 젊은 날에는 모든 것이 속도 경기라고 생각해서 앞선 자가 항상 앞서리라 믿어 의심치 않지만 직장생활이라는 것이 열심히 잘하는 것이 전부가 아니다. 때로는 회사의 핵심부서가 바뀌고 한직에 있던 사람들이 대거 등용될 수도 있다. 앞뒤가 역전될 수도 있는 것이다. 특히 한 직장에서 오래오래 근무할 것으로 예상하는 사람은 이따금 보폭을 조금씩 조절하면서 나갈 필요가 있다. 물론 그 직장을 징검다리 삼아 더 나은 직장을 찾아 언제라도 떠날 수 있다고 생각하고 승부수를 걸겠다고 생각하는 사람은 앞뒤 볼 것 없이 질주할 수도 있다. 이것은 자신의 미래 계획에 따라 선택할 일이다.

작가가 되고 싶다면
두 가지 일을 반드시 해야 한다.
많이 읽고 많이 쓰는 것이다.
이 두 가지를
피해 갈 수 있는 방법은 없다.
지름길을 찾는 사람에게 프로는 탄생되지 않는다.
지름길도 없다.

- 프랭크 미할릭, 《느낌이 있는 이야기》

2 1% 차이가 기적을 일으키는 일의 미스터리*

몸을 움직이면
의욕이 생긴다

때로 깊은 구렁텅이에 빠진 듯한 기분이 계속될 때가 있다. 매사에 시큰둥하고 '이 일을 내가 잘할 수 있을까?'라는 회의감이 시도 때도 없이 찾아올 때가 있다. 스스로 추스를 수 없는 기분이 끝도 없이 계속될 것 같은 그런 막막한 상태를 두고 슬럼프에 빠졌다고 한다.

그나마 며칠 정도 계속되다 말면 그래도 괜찮은데, 몇 주 혹은 몇 달 정도 계속된다면 이는 일종의 질병 상태라 불러도 크게 무리가 없을 것이다. 이 정도가 되면 자신은 물론 주변 사람들에게도 영향을 미치게 된다. 우선은 업무를 추진하는 과정에서 실수를 하게 되고 성과도 형편없이 뚝 떨어지게 된다.

누구든 슬럼프에 빠질 수 있다. 물론 나이를 먹어가면서 점점 증세의 강도가 낮아지고 빈도도 줄어든다. 하지만 젊은 날에는 마치 롤러코스터를 타는 것처럼 끝없이 날아오를 때도 있고 끝없는 나락으로 떨어질 때도 있다. 한없이 밑으로 처지기만 할 때면 '내 마음 나도 몰라' 하며 한숨을 내쉬게 된다. 어떻게 해야 할까?

스스로 불쌍한 마음을 거두기 바란다. 여러분이 슬럼프에 빠졌든지 고공비행을 하고 있든지 솔직히 주변 사람들에게는 별로 관심 없는 일이다. 물론 여러분을 지극히 아끼는 부모나 아내가 있다면 그나마 조금 도움이 될 수 있지만 동료, 상사, 친구, 친인척 들은 모두 타인일 뿐이다. 그러니 주변 사람들에게 징징거리지 말라.

시간이 간다고 해결될 수 있는 일이 아니다. 슬럼프의 구렁텅이에서 자신을 끄집어낼 수 있는 사람은 결국 자기 자신뿐이다. 이 점을 분명히 기억하기 바란다. 시간이 간다고 해서, 주변 사람들에게 위안을 얻는다고 해서 해결될 수 있는 것이라면 아예 슬럼프에 빠지지도 않았을 것이다.

나는 외부나 타인에게서 해결책을 찾지 않는다. 내 안에 모든 해결책이 있다고 믿기 때문이다. 기분이 처질 때는 이것저것 깊이 생각하지 말고 몸을 움직이는 일부터 시작하는 게 좋다. 뛰는 것은 의지를 필요로 한다. 그렇다면 걷기를 해보면 어떤가. 최소 4~5킬로미터를 걸을 수 있는 공간이 있다면 찾아가라. 그곳에서 천천히 걷기를 시작해 보라. 걷기는 몸과 마음의 균형을 찾도록 도와준다. 걸으면서 이것저것 생각하다 보면 자신을 추스를 수 있다. 점점 속도를 내면서 걸어보라. 땀에 흠뻑 젖을 정도로 걸어보라. 걷다가 뛸 수 있다는 생각이 들면 천천히 속도를 올리면서 심장박동이 최대치를 치는 수준까지 뛰어보라.

슬럼프에서 벗어나는 데는 술잔을 기울이는 것도 수다를 떠는 것도 정답이 아니라고 본다. 타인의 시간을 담보로 주저리주저리 신세한탄을 늘어놓는 일은 제대로 된 젊은이가 할 일이 아니다. 심장을 출발한 혈액이 가장 먼 곳까지 콸콸 흘러가도록 심장 박동수를 최고로 올리는 방법을 선택하라. 그렇게 해서 몸을 흥분시키면 동시에 마음도 정상으로 돌아올 것이다. 다시 시작해야겠다는 뜨거운 마음이 생길 것이다.

잘 버려야
잘 풀린다

"주변이 어수선하면 인생이 꼬인다."

여러분은 이 문장에 대해 어떻게 생각하는가? 대부분 '그렇게 생각할 수도 있고, 아닐 수도 있다'고 생각할 것이다. 사실 나는 이 말이 진리라고 생각한다.

잡동사니를 잔뜩 쌓아두는 것을 풍수 관점에서 해석한 책을 읽은 적이 있다. 물론 그 전에도 주변 정리정돈을 비교적 양호하게 하는 편이었지만 이 책을 보면서 '충분히 납득할 만한 증거가 있구나'라고 느낀 이후 더더욱 주변 정리에 열을 올리게 되었다.

공간정리 전문가로 통하는 캐런 킹스턴은 잡동사니로 가득 찬 공간이야말로 에너지 장(場)의 흐름을 방해한다고 말한다. 따라서 누구든 성공적인 인생을 원한다면 우리가 몸담고 있는 두 개의 중요한 공간 즉, 직장과 가정에서 생명 에너지의 흐름이 유연하게 이뤄질 수 있도록 해야 한다. 그녀는 잡동사니를 버리고 물리적인 더러움을 없애는 것이 그 방법이라고 주장한다. 저서《아무것도 못 버리는 사람》에서 그녀는 잡동사니가 미치는 부정적인 영향에 대해 다음과 같이 말한다.

"피로와 무기력을 가져온다. 과거에 집착하게 한다. 몸을 무겁게 한다. 혼란을 부른다. 상대가 나를 대하는 방식에 영향을 준다. 모든 것을 미루게 한다. 수치심을 갖게 한다. 인생을 정지시킨다. 감성을 둔하게 하고 인생을 따분하게 만든다. …"

어떻게 하면 잡동사니가 쌓이지 않도록 할 수 있을까? 우선 정기적으로 버리는 일을 생활화할 필요가 있다. 프로젝트를 마무리하는 시점, 일요일이나 공휴일 같은 날, 일을 할 만한 기분이 들지 않을 때, 새로운 일을 시작하기 전 등 특정 시점을 중심으로 주변을 정기적으로 체크하고 불필요한 것을 말끔하게 버리는 습관을 들이면 된다.

나는 아직도 종이 신문이 주는 특별한 가치 때문에 신문을 읽는다. 작은 박스 안에 특정 기사나 다음에 한 번 더 읽어보고 싶은 기사를 찢어서 모으는데 보관 기간은 딱 한 달이다. 한 달이 지나면 어떤 경우라도 박스에 들어 있는 모든 내용물을 버린다. 뿐만 아니라 수시로 도착하는 우편물 가운데서도 검토할 만한 것을 빼고는 즉시 쓰레기통으로 보낸다. 가능하면 잡동사니가 쌓일 틈을 주지 않는 것이 좋다. 하지만 아무리 노력해도 금방 잡동사니가 쌓인다. 때문에 과감하게 버리는 방법을 선택할 수밖에 없다. 요즘 같으면 컴퓨터 내에 파일도 열심히 버려야 한다. 그렇지 않으면 온통 불필요한 정보로 컴퓨터가 가득 차게 된다.

어떤 사람은 헤어스타일을 바꿈으로써 변화를 꾀하기도 하지만 나는 버리는 작업을 하면서 변화를 시도한다. 마음을 다잡고 싶거나 새로운 프로젝트를 시작할 때면 마치 기독교인들이 교회를 찾아서 예배를 드리듯이 버리기 의식을 진행한다. 주변을 깨끗하게 정리정돈하고 불필요한 것을 치우면서 "자, 이제 새로운 시작이다!"라고 크게 자신에게 외치면서 출발한다.

잡동사니가 쌓여 있지 않은 깔끔한 공간은 보는 것만으로도 기분이 좋다. 정리정돈이 잘 되어 있으면 무엇을 어디에 두었는지 이리저리 헤매는 시간을 줄일 수도 있다. 잘 버리는 것은 삶을 조직화하는 중요한 방법이다.

성장하기 위해서는
자신의 과거와 가족의 결점을 인정하고,
물려받은 것 중 거부하고 싶은 것은 과감히 버려야 한다.
가령 알코올 중독이었던 아버지의 영향이
자신에게 미치고 있다면,
그 사실을 단순히 부정할 것이 아니라,
과감한 결단을 내려야 한다.
그러지 않는다면, 항상 과거에 고정된 채로
자신도 모르는 사이
어느새 알코올 중독자가 되어 살아가고 있을지도 모른다.

- 수잔 놀렌 - 혹스마, 《생각이 너무 많은 여자》

미쳤다는 소리를 들어야 성공한다

프랭크 니콜라스 스탠톤이란 인물이 있다. 1946년부터 1971년까지 미국의 CBS 방송사 사장을 지낸 인물이다. 그는 오늘의 CBS를 만드는 데 결정적인 기여를 했을 뿐만 아니라 본사 이전부터 시작해 굵직굵직한 성과를 만들어낸 인물이다. 2006년 98세의 나이로 세상을 떠났을 때 〈뉴욕타임즈〉는 그를 "미국 텔레비전 방송에서 중심적인 인물이자 CBS 사장으로서 30여 년 동안 텔레비전 업계의 가장 정교하고 설득력 있는 대변인"으로 묘사했다.

사람들은 스탠톤을 "무자비할 정도로 업무와 회사에 충성심을 발휘한 인물"로 기억한다. 업무를 대하는 그의 태도를 알려주는 재미있는 일화가 있다. 1952년 새해 전날 스탠톤 부부는 스무 번째 결혼기념일을 축하하기 위해 뉴욕에서 8시간 거리에 있는 뉴햄프셔 주로 이동하고 있었다. 여행길은 그다지 유쾌하지 않았다. 크리스마스 시즌 동안 CBS 코미디 쇼에 출연한 극작가 조지 S. 카우프만이 주요 광고주인 아메리칸 타바코를 공격하는 발언을 했기 때문이다. 발끈한 아메리칸 타바코 측은 즉시 카우프만을 프로그램에서 퇴출하라고 강력하게 요구하고 있었다. 그러나 스탠톤은 조지 카우프만을 결코 포기할 수 없었다.

무려 8시간 동안 이동하면서 그는 끊임없이 고민한다. 어떻게 문제를 해결하는 것이 최적의 선택일 것인가를 두고 말이다. 그에게는 자신이 해결해야 하는 일이 휴가나 결혼기념일보다도 우선순위에 있었다. 고민 끝에 마침내 해결 방안을 찾아낸다. 아메리칸 타바코 측에 요구 사항을 받아들일 테니 약간의 시간을 달라고 말하면서 다른 광고주를 물색하는 방안이었다. 스탠톤은 뉴햄프셔에 도착하자마자 곧바로 문제 해결을 위해 다시 뉴욕으로 돌아온다.

다음날 그는 CBS 변호인단과 회의를 거쳐 해결 방법을 실행에 옮기게 된다. 상상해 보라. 새해 하루 전날 8시간이나 운전해서 여행지에 도착했으나 그 길을 다시 돌아와 새해 첫날 변호사들과 미팅을 하다니. 누가 봐도 정상적인 경우는 아니다. 그러나 위급 상황을 만나면 휴가 중이라고 해도 문제 해결을 위해 기꺼이 뛰어들어야 한다.

정말 잘되고 싶은가? 꼭 성공하고 싶은가? 그러면 젊은 날부터 마감시간을 정해 두고 집중적으로 밀어붙이는 습관을 가져야 한다. 물론 흥이 나서 한두 번 정도 그렇게 할 수 있다. 하지만 특별한 경우가 아니라 습관이 되어야 한다. 집중적으로 밀어붙인다는 말은 다르게 해석하면 꼭 해결해야 할 문제가 있다면 남들이 뭐라고 하든 개의치 않고 미친 사람처럼 밀어붙일 수 있어야 함을 뜻한다. 굳이 그렇게까지 할 필요가 있는가라고 물을 수도 있다. 그렇다면 평범한 길을 선택하면 된다. '미쳐야 미친다(不狂不及)'는 어디서 무엇을 하건 간에 성공으로 가는 지름길을 제공할 것이다.

나는 젊은 시절에 스탠톤이란 인물에 비교해서 결코 뒤지지 않을 정도로 업무에 집중했다. 무엇 무엇을 해야 한다고 계획을 세우면 일단 종이에 쓴 다음 마감시간에 맞추어 집중적으로 업무를 처리했다. 지금도 마찬가지다. KTX나 비행기를 타고 이동할 때도 시간을 허투루 보내지 않는다. 때문에 항상 기대보다 초과 달성을 하게 되고, 시간당 생산성을 크게 올릴 수 있다.

그런 습관이 없다면 정상에 설 가능성은 아주 낮다. 몰아의 경지에 이를 정도로 업무에 집중하지 않고 자신의 분야에서 일가를 이루는 사람을 찾기 힘들다. 이런 습관이 몸에 배지 않은 채 뭔가를 기대한다는 것은 어불성설이다.

'모른다' 는 말은
가장 강력한 전략

"나는 모른다."
"나는 잘 알고 있다."

당신은 위의 두 가지 중 어떤 문장을 자주 사용하는가? 어느 쪽인가에 따라서 삶을 살아가는 자세가 확실히 달라진다.

이따금 사람들은 내게 어떻게 그렇게 많은 책을 쓸 수 있는지 묻는다. 1년에 4~5권의 책을 쓰는 일이 놀랍게 여겨질 수 있다는 것을 알고 있다. 그렇다고 내가 보통 사람들과 다른 대단한 능력을 갖고 태어나서 그처럼 많은 책을 쓸 수 있는 것은 아니다. 다작(多作)을 완전히 다른 각도에서 이해할 수도 있다. 모르지만 알고 싶기 때문에 다작을 하는 것이다. 사람은 책을 쓰면서 자신의 생각을 체계적으로 정리할 수 있다. 마치 치열하게 연구하는 학자들이 계속해서 논문을 써서 발표하는 것과 같은 일이다.

사실 나에게 책을 쓰는 과정은 무지함을 깨우쳐가는 과정이다. 그러니까 "나는 잘 모르지만 알아가고 싶다"는 욕망이 드러나는 과정이 바로 책을 쓰는 일이다. 그래서 항상 두 문장을 입에 달고 산다. "나는 모른다." "왜 그럴까?" 이 두 문장은 인생의 소금 역할을 한다. 자신이 이룬 보잘것없는 성취에 도취해 부패하지 않도록 돕는 소금 말이다.

그래서 나는 "그건 잘 모릅니다."라는 말을 별로 부끄러워하지 않는다. 오늘날처럼 복잡다단한 세상에서 전문가라고 해서 어찌 모든 것을 잘 알 수 있겠는가? 최고의 경영 구루인 칼 위크는 '모른다'는 리더십의 중요한 자질이라고 말한다. 이를 두고 뛰어난 경영컨설턴트인 톰 피터스는 "모른다는 말은 상대방에게 전권을 위임하는 방식이다. 즉 모른다는 말은 당신이 알아내야겠어."라는 뜻이라고 설명한다. 톰 피터스는 이에 대해 저서 《미래를 경영하라》에서 친절하게 설명해주고 있다. 아마도 여러분이 아직 리더는 아니겠지만 큰 도움이 될 것이다.

"'모른다'는 '약한' 말이 아니라 사실상 '강력한' 비즈니스 전략이다. '모른다'라는 말에 숨어 있는 뜻은 이렇다. 나는 미지의 세계를 모험하는 중이다. 명령에 따르라고 당신을 이 모험에 끌어들인 게 아니다. 가서 뭔가 알아내라. 하나부터 열까지 모두 파악하라. 빈손으로 집에 올 생각일랑 꿈에도 하지 말라."

여러분도 일이나 특정 프로젝트를 추진하면서 미지의 세계를 모험한다고 생각해보라. 그러면 일단 타인의 질문에 대한 답이 달라질 것이다. 모르는 것을 두고 어설프게 고민하지 않을 것이다. 아마도 "저는 잘 모르지만, 배워가면서 최고의 성과를 낳도록 최선을 다하겠습니다."라는 대답이 나올 것이다. 이런 대답은 상사에게 호감을 줄 수 있을 뿐만 아니라 동료들에게는 믿음을, 자신에게는 학습동기를 부여할 것이다.

우리가 진정으로 두려워해야 할 일은 '자신이 모르는 것 자체를 모르는 것', '모르면서 아는 체하는 것', '모르면서도 잘 알려고 노력하지 않는 것'이다. 모르는 것은 배우면 된다. 오늘날처럼 쉽게 학습할 수 있는 시대가 또 언제 있었는가? 무엇이든 배움에 갈급한 사람이 되어야 한다. 그렇게 하다 보면 성공의 기회가 다가온다.

성공하는 사람들의 아침 시간 활용법

"나는 아침을 정말 사랑한다. 이제껏 살아오면서 삶의 굽이굽이마다 이루어낸 모든 성취는 아침에 시작되었다. 앞으로도 나의 삶은 역동적인 성장을 계속할 것이다. 아침을 내 의도대로 사용할 수 있다는 강력한 확신이 있기 때문이다. 내가 1년에 5권 내외의 책을 쓰고 300회 가까운 강연을 하면서도 지치지 않고 늘 새로운 도전을 꿈꿀 수 있는 에너지를 유지하는 것도 일찍 일어나는 습관 덕분이다. 나는 전쟁에도 전략이 있듯이 인생에도 자신만의 전략이 있어야 한다고 생각한다. 나에게 가장 중요한 전략 가운데 하나가 바로 새벽부터 아침까지의 시간을 온전히 내 영역으로 창조해내는 것이다."

이 글은 사이쇼 히로시의 《아침형 인간 성공기》라는 책을 편역하면서 1장에 쓴 글이다. 5~6년 전에 쓴 글이지만 지금도 변함이 없다. 아침에 두 시간 정도를 만들 수 있다면, 일주일이면 14시간이 만들어진다. 이 정도의 시간이면 일주일에 이틀이라는 시간이 더 생긴다는 뜻이다. 1년을 52주로 가정하면 한 해 365일에 104일을 더해 약 470일을 더 살 수 있다. 아침에 일찍 일어나 3시간 정도를 만들 수 있다면, 156일을 더 만들 수 있다. 여기다 주말에 몇 시간 정도를 더 보낼 수 있다. 그러니 시간이 없어서 혹은 바빠서 이런저런 일을 할 수 없었다는 말은 핑계에 불과하다.

하루에 두 시간을 창조할 수 있다면 현재의 성과를 최대한 올리는 일, 미래를 제대로 준비하는 일, 그리고 인맥관리나 건강관리 등 어느 면에서도 괄목할 만한 성과를 거둘 수 있다. 게다가 아침 시간은 피로를 거의 느끼지 않고 집중할 수 있는 에너지가 넘쳐나는 시간이기 때문에 앞에서 계산한 산술적인 시간 이상의 힘을 발휘할 수 있다. 한마디로 인생에서 전혀 예상할 수 없을 정도의 신화를 창조하는 바탕은 새벽부터 아침 시간을 철두철미하게 경영하는 것이다.

젊은 날에는 시간과의 전쟁에서 승리해야 한다. 우선은 남보다 아침에 일찍 일어나야 한다. 기상 시간은 사람의 체질마다 다를 수 있지만 자신이 감내할 수 있는 범위 내에서 이른 기상이 몸에 완전히 배도록 해야 한다. 아주 이른 기상은 힘들겠지만, 현재 시간보다 1~2시간 당기는 일은 천천히 훈련하면 얼마든지 가능하다.

잠자리에서 일어난 이후 직장에 출근할 때까지 일정한 루틴이 적용되도록 만들어야 한다. 첫째, 둘째, 셋째 순서로 해야 할 일을 정해서 마치 컨베이어 시스템처럼 자동으로 돌아가게 만들면 된다. 몸은 사용하기 나름이다. 규칙적인 생활이 이루어지면 몸도 따라서 움직이게 된다.

아침 시간에는 두뇌 회전이 빠르기 때문에 가장 중요하고 머리를 많이 쓰는 활동을 배치해야 한다. 부가가치가 떨어지는 활동은 다음으로 미루고 머리를 최대한 돌려야 하는 일을 아침에 집중적으로 처리하면 된다.

출근 시간은 아침 시간의 도둑이라고 부를 수 있다. 하지만 이 시간은 얼마든지 줄일 수 있다. 러시아워를 피하기 위해 나름의 방법을 찾아야 한다. 집에서 조금 일찍 나올 수도 있고 집을 옮길 수도 있다. 전철이나 버스를 이용하는 사람이라면 그 시간을 조직적으로 사용할 수 있어야 한다. 이동하는 시간을 하나의 프로젝트로 생각하고 접근하면 된다. 그냥 마음 내키는 대로 정보를 머릿속에 집어넣는 것이 아니라 계획한 대로 정보를 취득해야 한다. 가장 효과적으로 프로젝트를 완성하기 위해 무엇을 해야 할지 생각해 보라.

아침을 장악하면 더 많은 시간을 확보할 수 있다는 점 외에도 하루를 통제한다는 자신감을 가질 수 있다. 이는 자기 자신과 삶에 대한 강한 자신감으로 이어진다. 그러니까 매일 매일 자신이 삶을 장악하고 있다는 느낌으로 살아갈 수 있다는 말이다. 그런 사람은 당연히 타인을 대하는 태도도 당당해질 수밖에 없다. 한마디로 아침의 이른 기상과 아침을 조직적으로 관리하는 습관은 젊은 날부터 익혀야 할 가장 중요한 성공 습관이라 할 수 있다.

무슨 일이든
깔끔하게 마무리하라

그동안 많은 사람들을 만났지만 그중에서 특히 자주 생각나는 인물이 있다. 국내 명문대를 졸업하고 미국의 꽤 좋은 대학에서 박사학위까지 받은 P씨. 그가 오랫동안 기억에 남는 이유는 '저렇게 직장생활을 하면 안 되는구나.' 하는 교훈을 확실히 가르쳐 주었기 때문이다. 아무리 좋은 머리, 아무리 좋은 학교도 사회생활의 성공을 보장해주지는 못한다. 학교를 떠나서 직장생활을 시작하게 되면 완전히 새로운 소설 속의 주인공이 되는 셈이다.

직장생활을 시작한다는 것은 어느 소설에 나오는 표현처럼 "새벽의 정적을 깨듯이 '땅' 하는 권총 발사음이 울렸다."라고 말할 수 있다. 권총이 발사되고 나면 그 다음부터는 업무 성과로 말해야 한다. 어느 학교를 나왔고, 얼마나 공부를 많이 했는가는 아무 소용이 없는 일이다.

P씨의 최대 약점은 시작한 일을 제대로 마무리하는 능력이 부족한 점이었다. 그 능력은 공부의 양에도 비례하지 않고 나이에도 비례하지 않는다고 생각한다. 그것은 자신의 생활을 조직화하는 습관의 문제라고 생각한다. 주변에서 무수히 충고를 해주고 도움을 주려고 노력했지만, 그는 결국 성공 습관을 갖는 데 실패하고 조직에서 밀려나고 말았다. 이따금 그를 생각하면 안타까운 마음이 든다. 하지만 그는 이미 조직에서 밀려나 은막의 뒤안길로 사라지고 말았다. 능력이 무척 많은 사람인데 성과를 만들어내는 데 결정적인 습관을 갖추지 못한 것이 문제였다.

나는 지금도 일을 병렬적으로 추진하지 않는다. 그동안 몇 가지 프로젝트를 동시에 처리하는 방법을 사용해 보았지만 업무 효과가 떨어지고 스트레스가 만만치 않았다. 그래서 한 가지 프로젝트에 집중해서 마무리하고 나면 또 다른 프로젝트를 시작한다. 이 습관을 20여 년 동안 유지하고 있다. 한마디로 확실히 매듭을 지은 후에 그 다음 프로젝트로 넘어간다.

이때 자신을 제어하는 효과적인 방법은 항상 마감시간과 업무 목표를 분명히 해두는 일이다. 그냥 머릿속에 담아두는 게 아니라 컴퓨터 옆이나 책상에 업무 목표, 진행 순서, 마감시간 등을 분명히 적어놓고 체크하면서 추진해야 한다. 마감시간 역시 공식적인 시간보다 항상 조금 앞당겨 놓는다. 그래서 일을 시작하면 깔끔하게 마감시간 전에 마무리를 한다. 이런 과정이 반복되면 자신감뿐만 아니라 상황을 완전히 통제하는 데서 오는 심적 안정감도 대단히 커진다. 물론 주변 사람들에게 유능한 사람이라는 평을 듣기도 한다. 확실히 매듭짓는 습관은 성공을 향한 핵심 병기임에 틀림이 없다.

"난 자네가 한 가지 결심을 했으면 좋겠네.
스스로 할 수 있는 모든 것을 했다고 느껴질 때
목표를 향해 한 번 더 깊게 파고들겠다는 결심 말이야.
완전히 전념했다는 생각이 들었을 때가 바로
조금 더 전념해야 할 때라는 걸 명심하게."
스스로 최선을 다했다고 생각할 때
한 번 더 목표에 집중하라.

- 빈스 포센트, 《코끼리를 들어올린 개미》

창조적 아이디어는
손과 종이에서 나온다

"나는 매일 아침 한 시간 정도 그림을 그린다. 오래 전부터 5×7인치 영국제 수채화용 스케치북에 그림을 그려왔고, 지난 25년 동안 그린 그림을 모두 간직하고 있다. 내게 그건 이를테면 두 번째 기억저장고와 같다."

2001년 〈타임〉지가 미국 최고의 건축가로 선정한 스티븐 홀이 《크리에이티브 마인드》라는 책에서 창조성을 단련하는 방법을 이야기하는 대목이다. 건축가로서 그가 남긴 작품은 박물관, 교회, 학교, 주거시설 등 분야를 가리지 않고 전 세계에 걸쳐 있다. 그는 이따금 현재 고민하고 있는 특정 프로젝트와 관련이 있는 그림을 아침에 그린다. 하지만 대개는 아침마다 떠오르는 상상력을 무한정 확장하는 식으로 그림을 그린다. 이런 방식을 두고 스티븐 홀은 '이것은 나 스스로를 느슨하게 풀어주는 나만의 기술'이며 '창조성이 처음으로 움튼 순간들의 기록'이라고 말한다. 이러한 초기 아이디어를 바탕으로 나온 디자인이 많다고 한다. 그가 그린 그림은 매달 두 권 이상이 된다고 한다. 1년이면 24~28권이 되는데, 25년분을 보관하고 있으니 대단한 일이다.

어떻게 하면 창조성을 키울 수 있을까? 누구에게나 꼭 들어맞는 방법은 없다고 생각한다. 일을 해나가면서 방법을 나름대로 찾아내야 한다. 이것은 어느 누구도 가르쳐줄 수 없는 일이다. 어떤 학교에서도 창조성을 육성하는 방법을 가르쳐주지 않는다.

나도 스티븐 홀처럼 흰 백지 위에 아이디어를 스케치하듯이 적거나 그려가며 새로운 책이나 강연을 구상하고 내용을 다듬는다. 처음부터 컴퓨터 앞에서 작업을 하지 않는다. 손의 자연스러운 움직임과 창조성 사이에는 특별한 연결고리가 있다고 생각한다. 때문에 메모나 스케치같이 손으로 머릿속의 아이디어를 자주 쓰거나 그려보는 것이 무척 중요하다고 생각한다.

처음부터 자신만의 방법을 만들어내려고 노력하기보다는 창조성 분야에서 걸출한 성과를 낸 사람들의 방법을 훔쳐보면 도움이 된다. 예술가나 사업가나 과학자의 자서전을 볼 때마다 '이 사람은 어떻게 자신만의 창조성을 가다듬어 왔는가?'라는 질문을 던지면서 해답을 구하면 좋다. 아이디어가 떠오르기 쉬운 새로운 환경에 자신을 노출시키는 방법, 아이디어가 자주 떠오르는 환경을 찾아내는 방법, 집중한 상태에서 이완 상태로 전환하는 방법, 잠시 스쳐 지나가는 아이디어를 효과적으로 잡는 방법, 관찰력과 청취력을 통해서 새로운 발상을 만들어내는 방법, 상식이나 통념을 뒤집어보는 방법 등을 참조해서 창조성을 키우는 자신만의 공식을 만들어내야 한다.

한 가지 분명한 사실은 체계화된 방법을 갖고 나면 늘 새로운 아이디어가 샘물처럼 솟아난다는 점이다. 육체적인 에너지와 달리 창조적인 에너지는 사용하면 할수록 더 많이 나온다. 한마디로 창조성 공장을 뇌 속에 건축하는 데 성공해야 한다.

정보의 홍수 시대를 살아가는 법

우리 모두는 '정보 과잉의 시대'를 살고 있다. 내가 젊은 시절을 보낸 20여 년 전만 하더라도 오늘날과 비교할 수 없을 정도로 정보나 지식이 부족한 시대였다. 때문에 새로운 정보나 지식을 갖는다는 것은 곧 '힘'을 갖는다는 것을 뜻했다. 그러나 이제는 정보가 힘이 아니다. 누구나 정보를 가질 수 있기 때문이다.

오히려 지금은 과다한 정보로 인한 '과잉 자극'을 염려해야 하는 상황이다. 굳이 보려고 애쓰지 않아도 욕망을 자극하는 광고와 기사가 범람하는 실정이다. 이따금 단골 이발소를 갈 때마다 텔레비전에서 흘러나오는 웃음, 고음, 소음에 슬며시 부아가 날 때가 있다. 뿐만 아니라 KTX를 타려고 기다릴 때나 비행기를 타기 위해 공항에 있을 때면 '이렇게 큼직한 대형 스크린이 도처에 깔려 있고 소음이 심한 나라가 또 있을까?' 하는 의구심이 들 정도이다.

새로운 정보와 지식을 찾는 일이 불필요하다는 이야기는 아니다. 그러나 정보와 자극이 넘쳐나는 시대인 만큼 적절히 제어할 필요가 있다. 《칭찬은 고래도 춤추게 한다》는 책으로 유명한 켄 블랜차드는 최근작에서 '지나친 정보'가 실행력을 떨어뜨린다고 주장한다. 켄 블랜차드는 꼭 필요한 핵심 정보와 지식을 갖고 그것이 자신의 일이나 생활 속에서 깊이 배어나도록 반복하는 것이 오히려 더 나은 삶의 방식이 아니겠느냐고 묻는다. 습관적으로 새로운 정보나 자극에 자신을 무방비로 노출시키고 있다면 한 번 정도 삶의 방식을 검토해보기 바란다. 정신없이 새로운 정보로 자신을 가득 채우는 일은 오히려 실행력을 떨어뜨린다는 사실을 기억할 필요가 있다.

인간의 대뇌는 정보나 자극을 수용하는 데 어느 정도 한계가 있다고 생각한다. 때문에 계속해서 새로운 정보와 자극을 추구하는 것은 일종의 중독이 될 수 있다. 게다가 스스로 무엇인가를 만들 수 있는 기반이나 능력을 만들어내는 데 큰 방해가 될 수 있다. 세상 사람들이 원하는 가치를 만들 수 있는 능력은 한두 번의 시도가 아니라 기본을 계속 반복해서 굳건하게 다질 때 가능하기 때문이다. 그러니까 새로운 정보가 계속 뇌의 자리를 차지하면 반복을 통해서 만들어져야 하는 능력이 들어설 자리가 줄어드는 것이다.

나는 새로운 것들이 진정한 실력이 되지 않는다는 믿음에서 가능한 삶을 단순화하고 있다. 그리고 오감을 통해 지나친 정보나 자극이 유입되지 않도록 적절한 통제를 가한다. 특히 웹 서핑 등에 지나치게 많은 시간을 할애하지 않으며 시각이나 청각을 통해서 잡다한 정보가 들어오는 것을 억제한다. 귀마개를 사용해서라도 말이다.

인터넷에서 돈 나오지 않는다

돌아가신 어머니는 항상 나에게 이런 말씀을 하셨다. "병호야, 하루 종일 땅을 파도 돈은 한 푼도 나오지 않는다." 지금 와서 그 말씀이 자주 떠오른다. 그 말씀이 내게 주는 메시지는 두 가지다. 하나는 열심히 하는 것이 중요한 것이 아니라 값어치 있는 일을 열심히 해야 한다는 것이다. 다른 하나는 돈이란 무척 귀하고 소중한 것이라는 메시지이다.

나는 자주 '별다방'이나 '콩다방'에서 작업을 한다. 그때 주변에 젊은이들이 주로 무엇을 하는지 지켜보곤 하는데 인터넷을 갖고 노는 친구들이 참 많다. 그러니까 많은 이들이 재미로 인터넷을 사용한다는 말이다. 미국만 하더라도 주요 인터넷 이용자층인 20~40대 직장인들이 인터넷을 사용하는 주 목적이 업무를 효율적으로 추진하기 위해서라고 한다. 그래서 정보 공급 성격이 강한 구글 같은 포털이 인기를 끈다.

하지만 한국의 경우는 다르다. 한국은 게임이나 오락 혹은 시간 때우기 같은 용도로 인터넷을 사용하는 사람들이 많다. 인터넷 이용자층을 연구한 연세대 황상민 교수는 "한국의 주요 인터넷 사용자층은 게임과 오락을 주로 하는 디지털 루덴스나 대중문화 활동에 적극적으로 참여하는 디지털 부머들이다."라고 말한다.

땅을 판다고 돈이 나오지 않는 것처럼 인터넷을 자주 사용한다고 해서 결코 돈이 나오지 않는다. 그러나 인터넷을 사용하고 있는 동안에는 무엇을 하고 있던지 간에 자신이 무엇인가를 하고 있다는 착각을 하게 된다. 때문에 사람들은 심적인 편안함을 느낀다.

오늘날 인터넷은 시간을 잡아먹는 또 하나의 흉기로 탈바꿈할 수 있다. 재미와 오락을 위해 인터넷을 사용하지 말라는 말이 아니다. 인터넷을 오락으로만 활용하지 말고 자신의 가치를 만들어내는 데 적극적으로 활용하라고 조언해주고 싶다. 결국 남들이 만든 상품이나 서비스를 사주는 사람으로 머물다가 가버릴 것인지 아니면 남들이 살 수 있는 상품이나 서비스를 생산해내는 주체로 살다갈 것인지 여러분이 결정해야 한다. 어느 쪽이든 인터넷이 기여할 수 있다. 인터넷을 어떻게 사용하는가는 개인이 삶을 살아가는 방식을 반영하고 있다고 본다.

젊은 날에는 귀담아듣지 않을 수도 있다. 그러나 나이 먹으면서 정말 중요한 것은 자신이 무엇을 생산할 수 있는가 하는 능력이라는 것을 절감한다. 그 능력이 없다면 있어도 그만 없어도 그만인 존재가 되어버린다. 이런 상태에서 자긍심이나 자존감을 가질 수 없다. 이런 상상을 하고 싶지도 않다면 인터넷을 오락용으로만 사용하고 있지는 않은지, 마냥 시간만 때우고 있지 않은지 점검해야 한다.

본래 재미라는 것은 의도적으로 억제하지 않으면 무한대까지 달려갈 수 있다. 왜냐하면 그냥 재미있으니까. 그러나 재미가 밥 먹여주지는 않는다.

3 넘어질수록 강해지는 도전의 미스터리*

부모의 그늘에서 벗어나라

"요즘 20대는 과거와 달리 유년기의 연장이라 볼 수 있다. 소통 능력, 문제 해결 능력, 사회 적응력이 떨어지는 것은 당연하다. 이전에는 대학만 가면 '독립'에 대한 압박을 받는 분위기가 있었으나 지금은 그렇지 않다. IMF 때 혹독한 시련을 겪은 부모들은 자식에게 모든 것을 쏟아 부으며 취업할 때까지 뒷바라지를 하려고 한다. 이제 20대도 이를 자연스럽게 받아들인다. 오히려 부러움의 대상까지 됐다. 이렇게 필요하면 혹은 징징거리고 조르면 문제를 해결해 주는 사람이 있는데, 다양하고 복잡한 의사소통을 해야 하는 사회생활이 익숙할 리 있겠는가."

'20대 전문가'로 잘 알려져 있는 노정태 〈포린 폴리시〉의 편집장이 〈시사In〉과의 인터뷰에서 20대를 이렇게 평하는 것을 읽었다. '유년기의 연장'이란 표현에 대해서 동의하지 않는 사람도 많을 것이다. 하지만 한 가지 분명한 것은 지금 세대는 앞선 세대에 비해서 혹독한 고생이 적었고 비교적 여유 있는 시대를 살아가고 있다는 점이다. 그래서 스스로 삶을 개척해야 하는 절박감이 부족한 경우가 많다. 직장에 들어가서도 조금만 어려움이 닥치거나 맞지 않는다 싶으면 어느 날 갑자기 직장을 그만두어 주변 사람들을 당황스럽게 하기도 한다.

직장생활이란 어디든 오십보백보다. 언제나 어려움이 따르게 마련이다. 문제가 앞을 가로막으면 문제 해결을 위해 힘껏 노력해야 한다. 문제를 헤쳐나가지 못하고 젊은 날을 흘러보내면 머지않아 이도저도 아닌 상태로 젊은 날을 마감하게 된다.

부모에게 도움을 받는 마감시간을 스스로 분명하게 정해두어야 한다. 누군가의 도움을 받는 것에 익숙해지면 자신도 모르게 중독된다. '뭐, 부모가 도와주겠지'라는 식으로 생각하게 되면 절박하게 무엇인가를 추구할 수 있는 뒷심이나 추진력이 생겨나지 않는다.

사실 사회생활에서 성공하는 것과 학교에서 성공하는 것 사이에는 절대적인 상관관계가 없다. 스스로 일어서고야 말겠다는 굳센 결심으로 집요하게 무엇인가를 추구하지 않으면 자신의 분야에서 우뚝 서는 데 성공할 수 없다.

이런 점에서 유복한 집안에서 태어나 언제든 도움을 줄 수 있는 부모를 두는 것은 한편으로 복 받은 일일 수 있지만 긴 인생살이에서는 치명적인 약점이 될 수도 있다. 부모 마음이란 자식 문제라면 이성적으로(?) 생각하지 못하는 경우가 많다. 당장 자식이 당하는 고통이나 어려움을 보고 가만히 있을 부모가 어디 있겠는가. 당연히 스스로 문제를 헤쳐 나가도록 내버려두어야 할 때도 있는데 말이다.

어차피 부모와 평생 동안 함께할 수 없는 일이다. 졸업과 함께 '홀로서기를 향한 여행길'에 스스로 올라섰다고 생각하기 바란다. 그런 선택이야말로 스스로를 돕는 길임을 훗날 알아차리게 될 것이다.

시행착오를
경험하라

벌써 10여 년이 다 되어가는 이야기이다. 벤처붐에 많은 사람들이 들떠 있을 때 나 또한 용감하게 전직을 단행했다. 당시에 그런 결정을 내렸던 많은 사람들처럼 나 역시 결과는 참담했다. 이후 새로운 길을 모색하고 있던 중에 낸 책이 《공병호의 자기경영노트》이다. 이 책은 상당한 인기를 끌었는데, 출간 기념으로 강연회를 개최한 적이 있다. 그때 한 독자가 "벤처행에 대해서 후회하는 점은 없는지요?"라는 질문을 던졌다.

"지나가버린 일이니 후회해도 소용없는 일이지요. 좀 더 신중하게 생각하고 결정을 내렸어야 하지 않았을까 싶습니다. 하지만 삶이란 것이 지나치게 소심하면 할 수 있는 일이 아무것도 없지요. 현재를 기준으로 실패처럼 보이는 것도 시계를 길게 확장하면 성공이 될 수도 있는 것이지요."

그때 그 말처럼 나는 한때 실패처럼 보였던 사건을 통해서 다시 재기하는 데 성공하게 된다. 어쩌면 재기 정도가 아니라 그런 실수를 하지 않았더라면 도저히 만들어낼 수 없는 새로운 삶을 그려내는 데 성공했다고 할 수 있다.

그날 강연회를 마치고 샌프란시스코에서 온 지인을 만났다. 벤처 업계에서 업무상 만난 분인데 서울에 온 김에 내 강연을 듣기 위해 강연장에 들렀다.

"한국 사회는 사회나 개인이나 지나치게 실패를 엄격하게 대하는 점이 미국 사회와 다르다고 봅니다. 세상의 모든 발전이란 것이 도전 없이 이루어지는 것이 없지 않습니까. 그런데 도전할 때마다 어떻게 성공할 수 있겠어요. 잘하는 사람이라고 하더라도 10번 도전하면 아주 잘해야 6번이나 7번 정도 승리할 수 있을까요. 그 정도의 승률도 대단한 일이지요. 어쩌면 계속 실패하다가 단 한두 번의 승리로 실패를 모두 갚음할 수도 있지요. 지나치게 실수나 실패를 두려워하면 세상에 이룰 수 있는 것이 무엇이 있겠습니까."

도전이 없다면 성장이나 발전, 성취도 있을 수 없다. 그렇다면 결국 실수나 실패가 없다면 성취도 있을 수 없다는 말이다. 왜냐하면 도전과 실패는 동전의 양면과 같기 때문이다.

중년의 나이에 자기 자리를 잡는 데 어느 정도 성공한 사람들과 그렇지 않은 사람들의 차이가 무엇일까를 이따금 생각해 보게 된다. 그 차이란 실패나 실수의 가능성을 기꺼이 인정하고도 중년이 되기 전에 도전하였는가 여부이다. 도전하는 사람들은 '실수나 실패는 삶의 불가피한 부분이다.' 라는 사실을 기꺼이 받아들이는 사람들이다. 그렇다고 해서 무모해선 안 되겠지만 지나치게 소심하게 삶을 바라보면 훗날 당당함과 안정감을 마련하기 어려울 수도 있다.

근래 젊은이들 가운데 지나치게 편안함이나 안정을 중시하는 사람들을 볼 때마다 안타까운 마음이 든다. 젊은 날 실수나 실패를 기꺼이 감수하려는 자세와 마음가짐을 갖지 않으면 인생의 중후반전에 반드시 그 비용을 지불하기 때문이다. 삶은 생각보다 길다. 현재를 넘어서 인생 전체를 고려할 수 있다면 실패나 실수도 다른 의미로 바라볼 수 있을 것이다.

재능의 달걀을
한 바구니에 담아라

일요일 오전, 서울의 한 미술관에서 미국의 극사실주의 화가인 척 클로스 전을 보고 나온 감동이 지금도 생생하다. 어쩌면 저렇게 오랜 기간의 정성이 들어가는 작품을 만들어낼 수 있을까, 그런 감동이 가슴에 오래 남아 있다. 척 클로스의 작품은 예술성뿐만 아니라 한 인간이 시련 속에서도 화려하게 재능을 꽃피울 수 있다는 믿음을 주기에 더더욱 호감이 간다.

척 클로스는 "내가 어떻게 그 (고향)마을에서 탈출했는지는 잘 모르겠다."고 자신의 지난 삶을 회고한다. 그는 워싱턴 주의 재활공장이 있는 가난한 백인마을 에버렛 출신이다. 그의 친구들은 대부분 그곳에서 나고 자라 지역에 있는 공장에 취직해 아직도 그곳에서 지내고 있다. 그는 어린 시절부터 난독증과 학습장애를 심하게 앓았다. 그런 사람이 고향 마을을 떠나서 미술가로서 큰 획을 긋는 인물이 될 수 있었던 비결은 무엇일까?

그는 어느 누구보다도 찬란한 '인생의 북극성'을 가슴에 안고 살았던 인물이다.

"나는 뭔가 다른 것을 추구했고 — 누구나 자기가 특별하다는 느낌을 받을 필요가 있으니까 — 예술은 내게 그런 느낌을 주었다."라고 회고한다. 특별한 존재가 되고야 말겠다는 일념만큼 한 인간을 시련 속에서 벗어나게 할 수 있는 힘이 또 있을까. 그 일념은 시련을 넘을 수 있다는 용기와 희망을 준다.

물론 강력한 바람을 가진 모든 사람이 시련을 극복하는 데 성공하는 것은 아니다. 반드시 자신이 가지고 있는 재능과 에너지를 한곳에 모두 쏟아 부어야 한다. 시련이 있어도 앞뒤를 너무 복잡하게 생각하지 말고 생활을 단순화해서 인생을 걸고 특정한 일에 전부를 쏟는 것이다. 척 클로스는 이를 두고 "내 재능의 달걀을 전부 한 바구니에 담았다."고 말한다.

재능 있는 사람이나 영민한 사람들은 지나치게 생각이 많다. 그러다 보니 이런 경우는 이렇게 되고 저런 경우는 저렇게 된다는 상상을 하는 데 시간을 많이 보낸다. 생각이 많다 보면 확신도 사라지게 된다. 결국 인간이란 한순간에 한 가지 일에만 집중할 수 있는 능력을 갖고 있다. 많은 생각을 한다고 하더라도 이것저것을 동시에 할 수는 없다.

도저히 벗어날 수 없는 시련의 구렁텅이에 처박혔다는 생각이 들 때는 이것저것 가리지 말고 지금 당장 해야 할 일이 무엇인가를 차근차근 정리해 보라. 그리고 가장 중요한 한 가지를 선택한 다음 그것을 성취하는 데 온 힘을 집중해야 한다. 그렇게 얻은 성취는 용기와 가능성을 안겨줄 것이다. 그리고 그 다음, 그 다음으로 계속 나아가면 된다. 시련을 이겨내고 언제 그런 시간이 있었냐고 회고할 수 있는 사람은 생각이 많은 사람이 아니다. 그때 반드시 해야 할 일에 전부를 거는 능력을 가진 사람이다.

꿈을 실현시키는 비결을 알고 있는 사람은 넘을 수 없는 장벽이 있다고 결코 생각하지 않는다.
그 비밀은 네 단어('C'로 시작하는)로 요약된다.

호기심(Curiosity),

자신(Confidence),

용기(Courage),

그리고 불변성(Constancy)이다.

그중에서도 가장 중요한 것은 자신감(Confidence), 즉 자기 자신을 믿는 것이다.
일단 '이거다'라고 생각되면 추호도 의심하지 말고 무조건 그것에 빠져들어야 한다.

- 월트 디즈니, 《꿈을 이루어주는 성공 메시지》

꿈은 이루어진다, 이 한 권의 수첩이 있다면

직장생활을 시작하고 한두 해가 가면서 대부분은 타협을 한다. 과중한 업무에 치여 점점 미래에 대한 기대감을 접는 것도 이유가 되겠지만 앞서 길을 걷는 상사를 보면서 '나도 저 정도밖에 안 되겠구나.'라며 좌표를 상실하는 데서도 이유를 찾을 수 있다. 이러저러한 이유로 일찌감치 자신의 한계를 정해버리는 젊은이들을 자주 만난다. 그들은 대부분 자기 안에서 해결책을 찾기보다 회사나 사회 구조에서 그 원인을 찾고, 일정 이상의 수준에 도달하기가 불가능하다고 스스로 자신을 합리화하고 만다.

직장생활 초기를 되돌아보면 그런 동료들을 쉽게 떠올릴 수 있다. 하지만 나는 그런 선택을 하지 않았다. 어떻게 하든지 간에 현재를 발판으로 삼아 도약해서 내가 원하는 인생을 살아갈 수 있다고 믿었고 꿈을 잃고 현실에 매몰되지 않도록 각고의 노력을 해왔다.

내가 직장생활 초기부터 내린 결론은 간단하다. 남들이 하는 만큼 해서는 절대로 원하는 인생을 살 수 없다는 사실이다. 나는 기본적으로 요행을 믿지 않는다. 뿌려야 거둘 수 있다. 세상사는 투입(input) 대비 산출(output)이다.

나는 주말을 미래를 준비하는 시간으로 보냈다. 주말에 회사는 문을 닫지만 내 인생은 계속되고 있다고 생각했고 회사의 미래와 나의 미래를 철저하게 분리해서 바라보았다. 아이들이 어릴 때는 주말에 회사에 나와서 일을 했고, 집에서는 아침 일찍 일어나 일을 했다. 일요일 아침 일찍 도시락을 준비해서 여의도 사무실로 나올 때면 마치 극기 훈련에 나가는 기분이었다. 동료들은 "꼭 그렇게까지 할 필요가 있느냐"고 묻기도 했지만 결국 내 인생은 내가 가꾸어야 한다. 주말 시간을 그렇게 보내지 않았다면 오늘의 나는 없을 것이다.

나는 인생이란 공평하다고 생각한다. 인생 초년에 비용을 지불할 것인가, 나중에 지불할 것인가 하는 문제인 것이다. 나는 선불을 지불했고, 그 결과 중년에 큰 혜택을 누리고 있는 셈이다.

1963년생인 구마가이 마사토시 씨는 1991년 주식회사 보이스미디어를 설립하여 1999년 나스닥 저팬에 상장한 GMO 그룹의 회장이다. 그는 '꿈의 경영'이란 프로젝트에서 크게 성공을 거둔 인물이다. 그는 고교를 중퇴하고 열일곱 살 때부터 아버지 일을 돕기 시작했다. 아침부터 밤늦게까지 야근을 하는 날이 이어지면서 하루하루를 지내는 데 급급한 채 장래를 확신하지 못하는 상태에서 20대를 보내게 된다.

구마가이 회장은 "이렇게 하루하루를 그냥 흘려보내서는 안 되겠다."고 판단하고는 방법을 찾아 나서게 된다. 그는 앞서 살았던 사람들은 과연 어떻게 살았을까 하는 의문에 대한 답을 찾기 위해서 성공한 사람의 자서전과 성공학 관련 서적을 집중적으로 독파하게 된다.

그가 내린 결론은 "자신이 추구하는 꿈을 명확하게 문장으로 정리하고, 구체적인 목표를 적어서 늘 되뇌어 잠재의식화한다."는 것이었다. 그냥 한 번 해보는 정도에서 그치지 않고 꿈을 유지 발전시킬 수 있는 나름의 시스템을 만들어서 활용했다. 그 점이 남들과 다른 점이었다. 그는 꿈을 달성하는 데 필요한 계획을 수첩에 적고 마치 그것이 자신의 분신이라도 되는 듯이 항상 갖고 다니면서 틈틈이 읽고 생각하는 습관을 갖는다. 그는 자신의 저서 《꿈을 이루어주는 한 권의 수첩》에서 그 방법에 대해 이렇게 이야기한다.

"내가 하고 싶은 일을 긴 안목에서 생각하고 하나하나 글로 옮겨보았습니다. 머릿속 생각만으로는 막연한 꿈도 글로 옮겨 적으면 비로소 눈에 보이는 형태로 바뀝니다. 그리고 그것이 자기 자신을 밀어붙이는 강력한 응원 메시지로 변합니다. 이 하나만으로도 가슴속에 무엇인가 가득 차기라도 한 듯 의욕이 샘솟았습니다. 그러나 형태가 갖춰진 꿈도 그냥 내버려두면 단지 낙서에 불과합니다. '내 꿈을 한순간이라도 잊지 않으려면 나와 일체화시킬 필요가 있다'는 생각과 더불어 수첩을 활용해야겠다고 결심하였습니다."

자신의 꿈과 목표를 명확히 정리하고 수시로 확인하는 작업은 의식과 잠재의식에 꿈과 목표 달성을 위해서 늘 노력하도록 강한 동기를 부여하게 된다. 실제로 그런 노력은 현실에 안주해서 대충 살아가려는 본능을 끊임없이 자극한다. 실제로 나 또한 구마가이 사장과 비슷한 방법을 사용하고 있다. 물론 성과에 대해서 굳게 확신하는 입장이다.

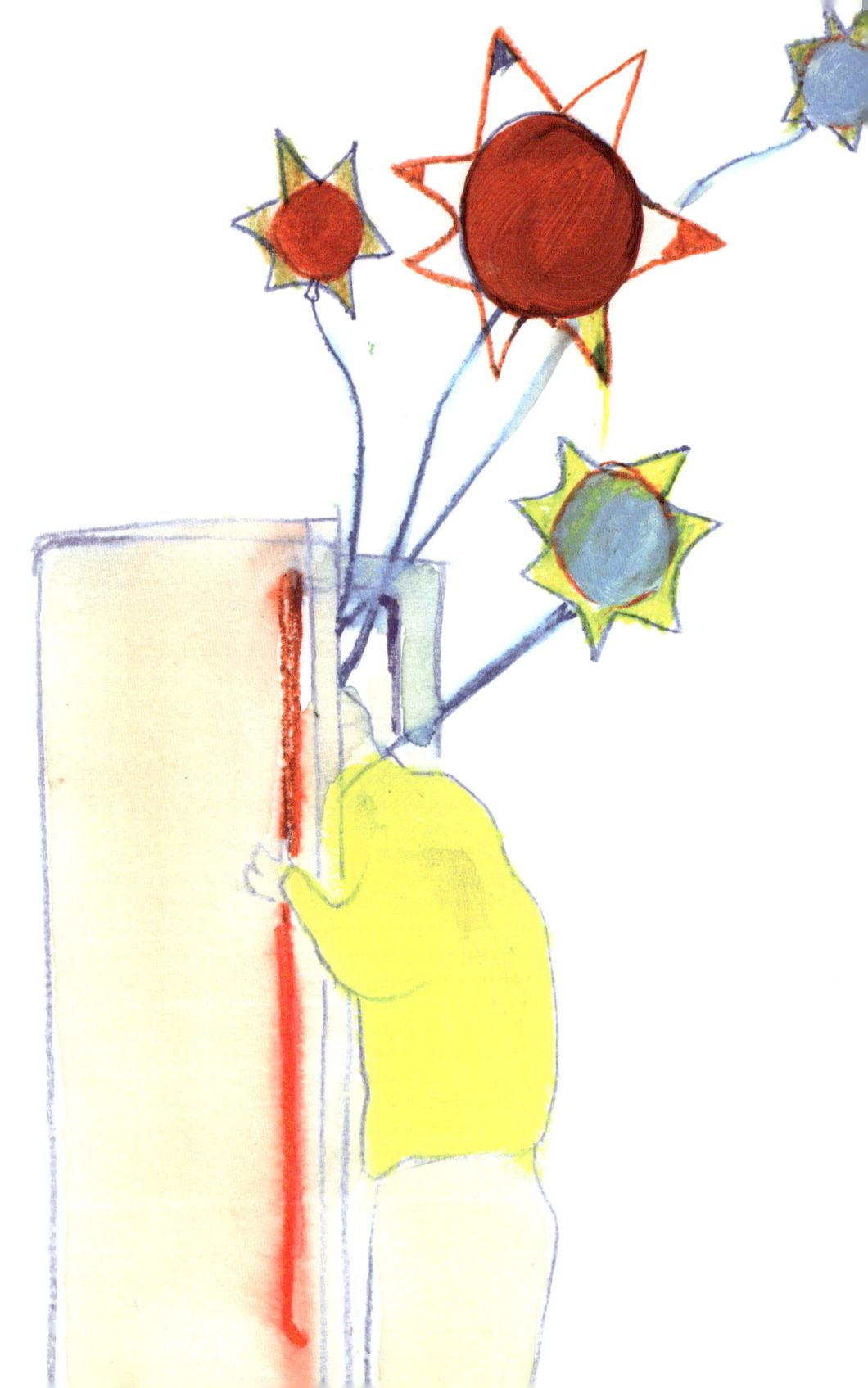

날마다 조금씩
용감해지는 연습

퓰리처상 수상자인 피터 번스타인의 책 《The Rich》는 부자들을 분석한 결과 '위험 감수와 승부욕'이라는 메시지를 전한다. 1982년부터 2006년까지 '포브스 400'에 이름을 올린 부호들은 모두 1302명, 이들이 이름을 유지한 기간은 평균 7.7년, 25년 동안 한 번도 빠지지 않고 이름을 올린 사람은 불과 36명이었다고 한다. 이 책은 막대한 유산을 물려받은 사람을 제외하면 높은 리스크를 안고 사업적 모험을 감행하는 것이야말로 억만장자가 되는 확실한 방법이라고 말한다.

결국 모든 성취는 언제, 얼마만큼의 위험(리스크)을 기꺼이 감수할 것이며, 베팅이 맞아떨어지는가에 크게 의존한다. 리스크를 안는 일은 바로 용기를 내는 일이다. 부의 축적뿐만 아니라 고속 승진을 하거나 명성을 얻는 데는 적절한 리스크를 안을 용기가 있는가라는 점이 관건이다.

물론 전후좌우를 재면서 남들과 비슷한 행보로 직장생활을 할 수도 있다. 크게 튀지 않도록 주의하면서 눈에 드러날 정도의 성과는 내지 못하지만 오래가는 롱

런의 길을 선택할 수 있다. 그러나 야심 있는 사람은 더 빨리, 더 많이, 더 효율적인 결과를 얻기 위해서 중요한 시점마다 나름의 승부수를 던져야 한다.

용기라는 것은 큰 승부수를 던질 때만 필요한 것이 아니다. 용기는 어느 날 갑자기 하늘에서 떨어지는 것처럼 생겨나지 않는다. 용기란 꾸준하게 축적되는 것이다. 그러니까 작은 용기가 쌓여 결정적인 순간에 큰 용기를 발휘하는 것이다. 언젠가 악성 댓글(악플)이 사회문제가 되었을 때 영화배우 안성기 씨가 "댓글 하나 작은 것일 수 있지만 권투에서도 잽을 많이 맞은 사람은 그 충격이 쌓여서 쓰러지고 KO를 당하는 거다"라고 말하는 것을 들은 적이 있다. 용기를 내는 일은 권투에서 작은 잽을 날리는 것에 비유할 수 있다.

조직 내에서 새로운 프로젝트가 시작될 때 누구도 결과를 확신할 수 없다면, 그리고 설령 성공한다 하더라도 성과가 별반 신통치 않다면 대다수 사람들은 새로운 프로젝트에 참여하기를 꺼릴 수 있다. 이때 "제가 하겠습니다!"라고 말할 수 있는가. 그렇게 나서는 사람은 리스크를 감수하면서 자신의 능력과 역량을 발전시키고 새로운 일에 대한 도전의식을 키울 수 있다고 판단을 한 것이다. 눈앞의 이익이 아니라 먼 미래를 보고 행하는 투자라고 보면 된다.

개인 생활에서도 비슷한 사례는 얼마든지 있다. 새로운 경험, 새로운 만남, 새로운 정보, 새로운 지식을 추구하는 것도 용기와 부지런함이 없으면 불가능한 일이다. 어디 그뿐인가? 새로운 장소나 새로운 영역에서 일을 해볼 수 있는 멋진 기회가 주어졌을 때 미래의 불확실함 속으로 한걸음 내디딜 수 있는가라는 점도 결국 용기에 의해서 판가름 난다. 재테크도 마찬가지다. 위험을 감수하고 선택할 수 있는 용기가 있는가에 의해 기회의 실현이 크게 좌우된다.

요컨대 용기란 일상의 삶 속에서 적절한 리스크를 안고 도전하는 목록을 스스로 충실하게 채워가면서 꾸준하게 만들어가는 것이다. 용기를 담는 저장고에 매일 매일 용기를 채워가자.

용기란, 두려움을 모르는 것이 아니라,
두려움을 너무나 잘 알지만, 그것을 이겨낼 수 있고,
다루어 나갈 수 있는 것이라고 했습니다.
또 아홉 번 실패했다는 것은
아홉 번 노력했다는 증거라고 했습니다.
지난 겨울에 어떤 일이 있었건, 실패한 것이 아니라,
우리의 희망들이, 노력들이
잠시 숨어 있었다고 믿으면, 반드시 그 믿음이
이 봄에 꽃피울 거라고 생각합니다.

- 제동이 어록

실패를 줄이는
5가지 전략

1930년생으로 북한에서 단신 월남하여 미국에 건너가 엔지니어와 사업가로 크게 성공한 이가 있다. 페코철강의 백영중 씨다. 그의 자서전을 읽다가 삶의 진수이자 성공과 실패의 핵심을 집어낸 몇 문장을 만난 기억이 있다.

"시작이 좋으면 다 좋다는 말이 있다. 일리 있는 말이지만 세상일이라는 게 모두 그런 것은 아니다. 내 경험으로는 시작은 시작이고 그 다음에는 또 순간순간마다 나름대로 우여곡절이 있었다."

인생의 새로운 시도는 시험을 보는 일에 비유할 수 있다. 물론 결과는 성공, 실패, 보통이라는 세 단어 가운데 하나이다. 성장하기 위해서는 계속해서 새로운 도전을 할 수밖에 없다. 물론 모든 시도에서 성공할 수는 없는 일이다. 그렇다면 실패를 최대한 줄일 수 있는 방법은 어떤 것이 있을까? '실패를 줄이는 5가지 실천 전략'을 정리한다.

첫째, 늘 신중하게 판단하고 행동한다.

사람은 안주하지 않고 늘 새로운 일에 도전해야 성장한다. 하지만 지나치다고 할 정도로 신중하게 접근해야 한다. 특히 많은 사람이 개입되는 시도라면 타인의 이야기를 지나치게 믿지 말고 직접 확인해야 한다. 능력 부족이나 운이 없어 실패하는 것은 그런대로 이해할 만하지만 다른 사람의 좋지 못한 의도에 휘말려서 실패하면 회한이 남는다. 이런 부분은 반드시 피해야 한다.

둘째, 꼼꼼하게 챙겨야 한다.

사전 준비는 아무리 지나치게 해도 과한 법이 없다. 새로운 시도를 위해 사전에 반드시 챙겨야 할 부분을 리스트로 만들고 각각에 대해 세세하게 따지고 챙겨야 한다. 그리고 미진한 부분이 있다면 전문가를 찾아서 물어야 한다. 몰라서 당한다면 이는 전적으로 자기 책임이다. 실제로 무지해서 당하는 경우가 많다. 인간의 이해관계가 첨예하게 충돌하는 사업 세계일수록 타인의 무지함을 이용하려는 사람들이 우글거리고 있음을 기억해두기 바란다.

셋째, 지나친 낙관주의에 휘둘리지 않는다.

살아가는 데 낙관주의는 필요하다. 하지만 낙관주의는 비관주의에 의해서 적절히 견제를 받아야 한다. 낙관주의와 비관주의 사이에 적절한 무게중심을 유지하는 일이 반드시 필요하다. '그래, 모든 게 다 잘될 거야.' 하는 생각으로 아무 준비 없이 사는 대책 없는 낙관주의자가 있다. 긍정적인 마음을 갖되 철두철미하게 준비하지 않으면 아무것도 이룰 수 없다. 건강관리를 해야겠다 싶으면 계획을 세워 몸을 움직여야 한다. 그냥 막연히 건강이 좋아지겠지 생각한다고 해서 나아지는 건 아무것도 없다. 실력도 마찬가지다. 불황이 올 때마다 안위를 걱정하는 것처럼 바보 같은 일이 또 어디 있겠는가? 호황기일 때 최악의 상황이 오더라도 살아남는 사람이 되도록 준비해야 한다. '지금 나는 무엇을 해야 하는가?' 자신에게 묻고 바로 실행에 옮겨야 한다.

넷째, 타인의 경험을 충분히 참조한다.
다른 사람들이 경험한 성공과 실패 사례에서 얼마든지 배울 수 있다. 평소에 타인의 경험을 읽거나 듣고 배워야 할 부분을 새기고 메모해두는 습관을 가지면 좋다. 비용과 시간을 아낄 수 있는 좋은 방법은 타인의 실패로부터 배우는 것이다.

다섯째, 실전 경험에서 성공과 실패의 주요 요인을 분석해본다.
한 번 실수는 이해할 수 있다. 그러나 같은 실패를 계속 반복한다면 이는 분명히 문제가 있다. 실패를 만회하는 데는 시간이 걸린다. 그 시간 동안 찾아올 수 있는 아까운 기회를 날려버리는 데 실패의 아픔이 있다.

과테말라의 고산지대에 살고 있는
인디언들 사이에는
'걱정인형'이 전해 내려온다.
어떤 문제나 고민이 있으면 잠들기 전
인형에게 말한 뒤 베개 밑에 넣고 자는데,
잠든 사이 인형들이 주인의 걱정거리나
고민거리를 멀리 내버린다고 믿는 것이다.
1.5센티미터의 작은 '걱정인형'에는
어떤 문제가 있을 때 후회하고 고민하느라
시간을 허비할 것이 아니라
쓸데없는 걱정을
떠나보내려는 인디언의 지혜가 담겨 있다.
우리도 걱정과 고민을 잠재울 '걱정인형'
하나를 만들어 보는 것은 어떨까….

걱정병 극복법

사람들은 누구나 걱정을 안고 산다. 사람마다 정도의 차이는 있을 테지만 아무 걱정 없이 사는 사람은 한 사람도 없을 것이다. 새로운 일을 앞두고 있으면 이번 프로젝트는 잘 마무리할 수 있을까, 내일 발표는 제대로 할 수 있을까, 초조하고 불안하다.

나는 이런 감정을 느끼는 것이 정상이라고 생각한다. 전혀 걱정을 하지 않는 사람들을 생각해 보라. 천하태평, 될 대로 되라 하는 식으로 사는 사람들이다. 시험 공부를 하지 않으면 시험을 치르기 전에 전혀 불안하지 않다. 그처럼 새로운 일을 앞두고 불안하고 걱정되지 않는 게 오히려 더 큰 문제인 것이다.

걱정, 초조, 두려움과 같은 부정적 감정은 신장의 부신에서 아드레날린이라는 호르몬을 분비시킨다. 이 물질은 교감신경을 자극해서 혈관이나 심장을 수축시킨다. 그로 인해 손에 땀이 나고 근육이 잔뜩 움츠러든다.

적당한 정도면 문제가 될 게 없지만 지나친 경우가 문제다. 앞으로 일어날 일에 대해 안절부절 못하고 지나칠 정도로 과민하게 걱정하는 사람들을 두고 흔히 '걱정병'이라고 부르기도 한다. 심한 경우 머리털을 만드는 부위에 산소나 영양 공급이 제대로 되지 않아 탈모 증세를 겪는 이들도 있다.

원래 인간은 걱정을 하지 않으면 죽게 되어 있었다. 사냥에 의존하던 시절에 아드레날린이라는 호르몬이 없었다면 어떤 일이 벌어졌겠는가? 큰 동물을 보고도 겁 없이 덤벼들었다면 단박에 죽고 말았을 것이다. 인간의 생존에 반드시 필요한 아드레날린 호르몬은 그렇게 순기능을 하였다. 하지만 그 때문에 인간은 오늘날까지 원시 본능으로 남아 있게 되었다. 이제는 더 이상 큰 동물을 사냥해야 할 필요가 없는데도 말이다. 현대인에게 아드레날린은 주로 상상을 통해서 만들어진다.

실제 존재하는 위협은 없는데도 사람들은 마치 큰 위험이 발생하는 것처럼 상상할 수 있다. 이때 사람들의 상상력은 쌩쌩 달려가게 되어 있다. 시험을 앞두고 있을 때, 새로운 고객을 만날 때, 발표를 앞두고 있을 때 초조, 불안감과 함께 분비되는 아드레날린은 대부분 머릿속에서 가공의 불길한 상황을 예상하기 때문에 만들어진다. 실제로 머릿속에서 만들어지는 상황은 실제보다 훨씬 위험한 일로 발전하게 된다. 상상력이 풍부한 사람들은 거의 무한대의 위험 상황을 상정할 수도 있고 위험이 전혀 없는 상황을 상정할 수도 있다. 전적으로 개인이 상상의 내용을 만들기 나름이다. 불행히도 '걱정병'에 걸린 사람들은 모든 일에 대해서 발생 가능한 최악의 상황을 무한정 만들어내는 데 익숙한 사람들이다.

걱정이 압도할 때면 이렇게 생각해보라. 과거로 돌아가서 그간 했던 숱한 걱정 가운데 현실화된 것이 얼마나 있는가라고 냉정하게 따져보라. 거의 공상으로 끝났다는 사실을 금방 알아챌 것이다.

나는 수천 번 강연을 했지만 새로운 강연장에서 새로운 청중들 앞에 설 때는 약간 두려움을 느낀다. 그때마다 '이제까지 망친 강연이 몇 번이나 있었던가?' 라고 자신에게 물어본다. 1년에 한두 번 정도가 될까 말까임을 금방 확인할 수 있다. 300여 번 가운데 한두 번 정도면 확률이 채 1%가 되지 않는다.

걱정이 앞설 때는 일로 대체하면 된다. 걱정이란 놈은 절대로 알아서 물러가지 않는다. 지금 당장 할 수 있는 일을 차근차근 적어보고 바로 실행 가능한 것, 재미있게 할 수 있는 것, 짧은 시간 안에 마무리할 수 있는 것들 중에서 한 가지를 선택해서 집중적으로 실행에 옮긴다. 그냥 묻어둔 채 머리를 돌리면 걱정은 계속해서 머물게 된다. 걱정 대신에 뇌가 일을 중심으로 돌아가게 하면 된다.

중장기적으로는 성공 경험을 착실히 축적해서 자신감을 만들어가야 한다. 초조, 불안, 두려움이 떠오를 때마다 성공 경험들이 여러분을 설득하기 때문이다. 성공 경험이 많은 사람이라면 이따금 걱정이 찾아올 때마다 이런 격려문을 떠올릴 것이다. "왜 걱정을 해! 이제껏 잘 해왔는데. 이번에도 아주 잘 할 수 있어!"

감사하면 감사할 이유가 더 많이 생긴다

지금 우리가 사는 세상은 정말 풍족하고 편리한 시대다. 그러나 사람들이 느끼는 삶에 대한 만족도는 그다지 높지 않다. 만족보다는 불만이 더 큰 비중을 차지한다. 그래서 〈뉴 리퍼릭〉의 수석 편집인 그레그 이스터브룩은 《진보의 역설: 우리는 왜 더 잘살게 되었는데도 행복하지 않은가?》라는 책에서 삶의 질은 나아졌음에도 불구하고 왜 사람들의 만족도는 비례해서 증가하지 않는가라는 의문에 대한 답을 찾고 있다.

20세기 초엽 미국인의 평균 수명은 41세, 현재는 78.1세다. 현재 한국인의 평균수명은 79.1세로 오히려 미국인보다 높다. 경제협력기구(OECD) 국가들은 1960년에 비해서 16년이나 평균수명이 늘어났다. 개선된 음식물과 의약품, 청결 상태 등이 큰 역할을 하였을 것이다.

크리스토퍼 디머스라는 연구자에 의하면 1870년대만 해도 영국 상류층의 평균수명은 전체 인구의 평균수명보다 17년이 더 길었다. 하지만 이제는 가장 부유한 영국인과 가장 가난한 영국인의 수명 차이는 불과 2년 이하로 떨어졌다. 20세기의 비약적인 성장의 결과물을 대다수 사람들이 누릴 수 있게 되었음을 뜻한다.

우리 세대는 흑백 사진에 나오는 가난한 시절을 살았다. 남도의 시골 도시에 슈퍼마켓이 처음 들어왔을 때, 맛있는 빵이 처음 들어왔을 때를 나는 아직도 생생하게 기억하고 있다.

하지만 젊은 세대에게는 가난의 추억이 없다. 가난의 추억이 없다는 것은 한편으로 득이 될 수 있지만 또 다른 한편으론 실이 될 수도 있다. 높은 기대 수준을 충족시킬 수 없을 때마다 좌절감과 불만을 느낄 수 있기 때문이다. 이 점에 대해서 그레그 이스터브룩은 불만이 고조될 수밖에 없는 요인을 "지금 너무 많이 가졌기 때문에 앞으로 더 많이 갖게 되리라 예상하기가 힘들다."는 점에서 찾는다. 그는 이를 '충족된 기대의 혁명'이라 부른다. 우리나라를 비롯해서 서방 나라에 사는 대부분의 중산층은 물질적인 관점에서 충분하고도 남을 정도로 많은 것을 소유하고 있지만 이는 '충족된 기대혁명'을 낳게 되었다. 이제는 이미 소유한 것보다 훨씬 더 많은 것을 갖게 되리라고 꿈꿀 수 없게 되었다. 그래서 승진을 해도, 연봉이 올라가도 불평불만을 거두기 힘들게 되었다.

나는 어찌할 수 없는 이 풍요의 시대에 우리가 스스로의 삶에 만족하면서 항상 씩씩하고 즐겁게 살 수 있는 방법을 나름대로 찾아내야 한다고 본다. 그렇지 않으면 아무리 고속 승진을 하고, 높은 보수를 받고, 많은 것을 소유하더라도 내면의 편안함을 찾기 힘들 것으로 본다.

항상 기쁜 마음으로 사는 삶의 지혜가 있다. 불만이 생길 때, 게을러지고 싶을 때, 욕심이 날 때, 스스로 감사해야 할 이유를 차근차근 찾아 이를 자신에게 확인시키는 습관이다. 자신이 이미 갖고 있는 것을 살펴보거나 어려웠던 시절을 묘사한 책을 읽는 것도 도움이 된다. 이런 방법은 대단히 유용하다. 단순히 심적인 평온함을 찾는 데 그치지 않고 항상 씩씩하고 도전적으로 살아갈 수 있는 힘을 얻을 수 있다. 인간은 진정으로 감사할 이유를 찾을 수 있을 때만 자신의 삶을 더 가치 있게 만들어갈 수 있다.

그레그 이스터브룩은 "어쩌면 미국인과 유럽인은 감사에 대한 교육을 받아야 할지도 모른다."고 말한다. 그는 "서로에게 더 적게 요구하고 더 많이 관심을 가지며, 갖지 못한 것을 불평하기보다는 이미 가진 것에 감사하며 돈으로 행복을 살 수 없다는 지혜를 진지하게 생각할 필요가 있다."고 조언한다. 그것은 비단 그들을 위한 조언에 그치지 않는다. 우리나라의 젊은 세대를 위한 당부일 수도 있다.

불안을
잠재우는 방법

코트를 주름잡던 농구 선수를 만나 인터뷰를 한 적이 있다. "중요한 게임을 앞둔 시점에는 불안하지 않습니까?"라는 질문에 왕년의 스타플레이어 P씨는 이런 이야기를 들려주었다.

"은퇴하는 무렵까지도 큰 게임을 앞두면 불안했지요. 처음에는 시간이 지나면 불안감이 없어질 것이라는 기대감을 가진 적도 있어요. 그런데 그렇지 않았습니다. 다만 선수 경험이 풍부해지면서 불안감을 다루는 방법이 발달하더군요. 어떤 사람은 음악도 듣고, 산책도 하면 불안감이 조금 누그러진다고 하더군요. 저는 그 어떤 방법도 도움이 되지 않았습니다. 저는 불안감이 고개를 들 때면 그냥 공을 들고 코트로 갔습니다. 그리고 '이 정도면 충분하다'고 할 정도로 계속해서 공을 던졌습니다. 마치 실제 게임을 하는 것처럼 머리로 상상하면서 온갖 기량을 다 발휘해가며 연습을 했습니다."

중요한 발표나 주요 고객과의 만남을 앞두고 있으면 불안하다. 중요한 일이라고 생각할수록 불안감이 더 커진다. 불안감이 엄습할 때면 사전에 부지런히 연습하는 것만큼 좋은 방법이 없다. 자신이 통제할 수 있는 힘이 약해질 때 불안감의 강도는 높아지게 된다. 불안감을 없애길 원하는 사람이라면 통제력을 강화하기 위해서 어떻게 해야 하는가라는 점을 챙겨봐야 한다. 발표를 앞둔 사람이라면 마치 실전을 행하는 것처럼 몇 번씩 리허설을 하면 된다. 주요한 고객과의 상담을 앞두고 있다면 주요 고객에 대해서 좀 더 철두철미하게 조사하고 연구해보라. 그러면 어떤 점을 공략해야 할지 나름대로 감을 잡을 수 있을 것이다. 가능하면 만나는 장소에 일찍 나가서 이미 만나고 있는 것처럼 준비하는 방법도 도움이 된다.

나는 많은 강연을 하면서 재미있는 경험을 했다. 강연 시작 전 10분 정도 강연장에서 시간을 보내는 것과 강연장에 입장해서 바로 강연을 시작하는 것은 큰 차이가 있다는 점이다. 미리 도착해서 마치 강연이 시작된 것처럼 머리로 상상하면서 연습하고 강연장을 완전히 장악하듯이 머리와 가슴으로 안으면 불안감을 크게 낮추게 된다. 그런데 강연장에 입장하는 즉시 강연을 시작하면 불안감과 어색함이 최고조에 달한다.

무슨 일이든 미리미리 준비하고 더욱더 열심히 사전 연습을 하라. 그러면 불안감을 상당히 낮출 수 있을 것이다.

지금 공부하지 않으면
5년 후가 위험하다

세상에는 공짜가 없는 법이다. 그런데 사람들은 대가를 지불할 생각을 하지 않고 자꾸 얻기만을 원한다. 인풋이 없는데 아웃풋이 어떻게 있겠는가? 돈이나 명성이나 자리를 원한다면, 평생 동안 여기저기서 한 번 방문해 달라는 부탁을 받는 사람이 되기를 원한다면, 반드시 이에 걸맞은 투자를 해야 한다.

나는 20대부터 늘 내 상황을 지금보다 더 높은 단계로 어떻게 끌어올릴 것인가를 두고 고민하였다. 단순한 고민 정도가 아니라 심각한 고민이었다. 그냥 일상의 업무에 매몰되어 지내다보면 내가 5년 후, 10년 후에 어떤 모습일지가 뻔히 보였기 때문이다. 나 자신을 끌어올리는 일이 성과라면 그런 성과를 만들어내기 위해선 당연히 투입이 달라져야 하고 그 투입이 바로 학습이라고 굳게 믿었다.

학습은 일종의 지적 투자이기 때문에 현재의 소비를 줄이는 일에서부터 시작해야 한다. 특히 다른 데 투입되는 시간을 줄여야 제대로 된 학습이 이뤄질 수 있다. 이런 점을 젊은 날부터 좀 더 심각하게 생각해야 한다. 그냥 현재와 같은 상태로 살아갈지 아니면 한 단계 도약한 삶을 원하는지 선택해야 한다. 그에 따라 공부를 대하는 태도가 크게 달라질 것이기 때문이다. 현재의 소비 가운데 일부를 기꺼이 희생할 수 있을 때만 학습이 시작될 수 있다.

가장 싸고 효과적인 학습 방법은 독서라 할 수 있다. 언제 어디서든 자투리 시간을 이용해서 자기 분야뿐만 아니라 알고 싶은 분야에 대한 지식이나 정보를 구할 수 있는 활동이 독서다. 독서하는 방법도 학창시절과 달라야 한다고 본다. 효과적인 독서법을 원하는 독자라면 필자가 쓴 《실용독서의 기술》을 꼭 읽어보기를 권한다. 한 달에 몇 권 혹은 일 년에 몇 권 정도의 독서량을 정해두고 읽는 것도 도움이 된다.

자기 분야에서 꼭 필요한 자격증을 준비하기 위한 학습도 필요하다. 시험을 준비하는 것은 특정 분야의 기존 지식을 짧은 시간 안에 체계화할 수 있는 장점이 있다. 완벽한 준비가 될 때까지 시간을 보내기보다는 실수나 실패의 비용이 크지 않다면 직접 해보면서 시행착오를 통해 배워가는 방법도 필요하다.

시각, 청각, 후각, 미각, 촉각 등의 오감을 평소에 단련함으로써 학습하는 방법도 필요하다. 예를 들어, 똑같은 현상에서 기회와 아이디어를 보는 사람이 있고 그렇지 않은 사람이 있다. 예리한 관찰력은 학습법 가운데서도 빼놓을 수 없는 방법이다.

고민하고 있는 현안 과제나 문제에 대해서 자신의 생각을 규칙적으로 글로 적어 보는 방법도 도움이 된다. 쓰면서 생각을 체계적으로 정리할 수 있을 뿐만 아니라 자기 자신만의 독특한 관점을 만들어내는 데 도움이 된다.

끝으로 성공한 사람들은 어떻게 학습하는지 관심을 갖고 보면서 자신의 학습법을 개선하는 데도 관심을 가져야 한다.

사실 공부라는 것이 한다고 해서 지금 당장 표가 나는 것이 아니다. 공부하는 사람이나 하지 않는 사람이나 큰 차이가 없다. 학교 다닐 때처럼 매달 시험을 보지도 않는데 온갖 유혹을 이겨가며 힘들여 공부하는 게 인생에 무슨 도움이 될까 번민이 찾아들 때도 있다. 하지만 일단 축적이 되고 임계량을 넘어서면 큰 힘을 발휘한다. 평생 공부하지 않으면 긴 인생행로에서 선두에 나설 가능성은 없다고 본다.

책을 사는 데 돈을 아끼지 말라.
책 선택에 대한 실패를 두려워하지 말라.
자신의 수준에 맞지 않는 책은 무리해서 읽지 말라.
읽다가 중단하기로 결심한 책이라도
일단 마지막 쪽까지 한 장 한 장 넘겨보라.
속독법을 몸에 익혀라.
책을 읽는 도중에 메모하지 말라.
책을 읽을 때는 끊임없이 의심하라.
젊은 시절에 다른 것은 몰라도
책 읽을 시간만은 꼭 만들어라.

- 다치바나 다카시,
《나는 이런 책을 읽어왔다》

돈 한 푼 안 들이고 품위 있게 사는 법

NBC 방송의 뉴스 앵커인 탐 브로코는 ABC의 피터 제닝스, CBS의 댄 레너와 함께 미국 3대 명앵커로 손꼽힌다. 그는 고등학교 시절 '신동'이라 불릴 정도로 뛰어난 학생이었지만 대학 진학과 함께 공부를 포기하고 밤마다 술에 젖어 방탕한 생활을 하는 학생이 되고 만다. 이를 그냥 두고 볼 수 없었던 정치학과의 빌 파머 교수가 그를 저녁식사에 초대한다. 잔뜩 기대감을 안고 간 그에게 파머 교수는 "자네는 아무래도 학교를 그만두는 게 낫겠어."라고 말한다. 그는 휴학을 하고 방송사에서 파트타임으로 일을 한다. 대학도 졸업하지 못하고 미래가 암울한 채로 살아가는 사람들과 함께 일을 하면서 인생 초년의 실수가 어떤 결과를 낳는지를 뼈저리게 느끼게 된다. 이후 복학해서 훌륭한 학생으로 재기하는 데 성공한다.

세월이 흘러 친구가 조카를 데리고 왔다. 그 젊은이는 코카인에 중독돼 소중한 인생을 낭비하고 있었다. 탐 브로코는 젊은이에게 "내가 지금부터 들려주려는 이야기는 설교가 아니다. 내가 젊은 날 방황하고 난 다음에 깨친 인생의 비밀이다. 들어보겠니?"라고 하면서 다음과 같은 이야기를 들려준다.

"잘못된 일을 하기보다 옳은 일을 하기가 훨씬 쉽단다. 올바른 행동을 하면 골치 아픈 문제들, 이를테면 변명을 꾸며낸다거나 까먹은 시간을 보충해야 한다거나 하는 문제로 짜증내고 괴로워하면서 시간을 낭비하지 않아도 되거든." (말로 토마스 외,《나를 바꾼 그때 그 한마디》)

물론 그 젊은이는 중독에서 벗어나 제법 훌륭한 청년이 되었다. 그는 탐 브로코와 마주칠 때면 "아저씨 말씀이 맞아요. 바르게 생활하는 게 훨씬 쉽던데요."라고 말하곤 했다.

품위는 옷을 잘 입고 외모를 치장하는 데서만 나오는 것이 아니다. 품위는 일과 생활에 대한 성실함과 치열함에서 나온다. 우리는 대개 자신의 일에 대부분의 시간을 투입하고 있다. 그런 일에 자신이 할 수 있는 최선을 다할 수 없다면 결코 품위 있는 사람이라 할 수 없다.

넘지 않아야 하는 선을 분명히 해두는 일도 반드시 필요하다. 이따금 남들이 다 하니까 '이 정도는 괜찮을 거야'라고 생각하고 양심과 타협하려고 해서는 안 된다. 양심을 팔아야 하는 일이 반복되면, 그때는 일하는 곳을 떠나야 한다. 품위와 존엄은 스스로 만들어가는 것이다.

사람의 품위를 결정하는 게 결코
외적 조건 같은 하드웨어가 아니라는 것은 확실하다.
그럼 답은 분명해진다.
결국 품위는 자기 존재에 대한 당당함,
자기 일에 대한 자부심, 통제력, 타인에 대한
정직함과 배려 같은 소프트웨어에서 나오는 거다.
이것이 없다면 왕이라도 전혀 품위가 안 날 것이고,
이것이 있다면 일개 농부라도 품위가 넘칠 것이다.

- 한비야, 《지도 밖으로 행군하라》

마음먹은 만큼 성취할 수 있다

동기유발 분야의 뛰어난 작가이자 강연자인 브라이언 트레이시가 스무 살에 경험한 결정적 순간을 소개하고 싶다. 그는 세 명의 고등학교 친구와 함께 전 세계를 여행하는 원대한 여행 계획을 짠 다음 1년 동안 준비 작업을 한다. 1965년 9월 20일 밤 10시, 마침내 네 명의 젊은이는 20년 동안이나 산 밴쿠버의 고향 동네를 떠난다. 1948년형 낡은 세비를 몰고 긴 여행길에 오른 것이다.

언제나 멋진 시작이 전부가 아니듯 몬트리올에 도착하자 한 친구가 여행을 그만두고 고향으로 돌아가겠다고 말한다. 다른 두 친구 역시 그만둘 의사를 밝힌다. 브라이언은 도중에 포기하는 것은 습관이라고 말하면서 친구들을 설득하지만 역부족이었다. 그들은 고향에서 5천 킬로미터나 떨어진 곳까지 와 있었다. 브라이언은 여기까지 와서 패잔병처럼 고향으로 돌아갈 의향은 추호도 없었다. 친구들이 모두 포기한다면 혼자서라도 배를 타고 영국으로 가서 오랜 숙원이었던 아프리카 땅을 밟고 싶었다.

당시 그의 나이 20세. 공부는 뒷전이었고 고교도 제대로 졸업하지 못한 상태였다. 돈도 기술도 변변한 직업도 없는, 그야말로 별 볼일 없는 젊은이였다. 그러나 꼭 아프리카에 가고 싶었다. 다른 친구들이 여행을 포기하고 떠난 자리에서 그는 운 좋게도 건설 현장에서 일자리를 잡을 수 있었다. 영하 35도까지 떨어지는 혹한도 그의 열정을 얼어붙게 하지 못했다. 그는 원룸을 세내어 접이식 침대와 작은 부엌이 딸린 방에서 지내면서 자신의 계획을 실천에 옮기는 방안을 고민하게 된다. 그러던 어느 날 밤 그야말로 위대한 순간이 다가온다.

"운명의 그날 밤! 싸늘한 겨울바람이 휘몰아치던 그날, 작은 부엌에 혼자 앉아 외로움을 달래던 운명의 그 밤이 아직도 기억에 생생하다. 내가 그때까지 이룬 모든 것은 전적으로 내 책임이었다. 그 누구도 나를 대신해서 해줄 수 없는 것이었다! 내가 내 인생을 책임지지 못한다면, 어떤 변화를 기대할 수 있겠는가? 철저하게 변하지 않는다면, 나는 평생 저임금 노동자로 살아야 할 운명이었다. 돈 한 푼에 쩔쩔매면서 돈 걱정의 노예가 되어야 할 운명. 믿기지 않는 깨달음이었다! 그때 분명히 다짐했다. 내 미래는 과거와 전혀 다를 것이라고! 나는 삶의 목표를 생각나는 대로 써보았다. 그 목표들을 성취하기 위해 잠시도 나태해지지 않겠다고 결심했다. 그날 밤은 내 삶의 전환점이었다."

《내 인생을 바꾼 스무 살 여행》이라는 책에 그는 당시의 번민과 열정을 고스란히 기록해놓고 있다. 진정한 독립의 첫 번째 조건은 이런 강렬한 각성에서부터 출발한다. 절대로 현재 상황에 머물지 않고 더 원대한 미래를 만들어내겠다는 강한 자각의 순간으로부터 진정한 독립은 시작된다. 이를 달성하기 위해 대단히 구체적인 부분부터 자신을 변화시키기 위해 노력해야 한다. 그것이야말로 진정한 독립을 시도하는 첫걸음이다.

브라이언은 바로 그 다음날부터 여행에 필요한 프랑스어를 익히기 시작한다. 그리고 체력을 다지기 위해 일주일에 세 번씩 태권도 교습을 받으면서 관심을 끄는 모든 분야에 대한 책을 무자비할 정도로 읽기 시작한다. 얼마 후 소지품을 정리해 버리고 간단한 트렁크 하나를 들고 지나가는 자동차를 얻어 탄다. 그 길로 대서양 연안에서 가장 큰 항구인 핼리팩스에 도착하게 된다. 여러 번 거절을 당하고 나서 마침내 영국행 선박에서 일자리를 구한 다음 대서양을 건널 수 있게 된다.

혹자는 진정한 독립의 조건으로 경제적 자립을 들 것이다. 그러나 그것은 진정한 독립의 결과물로 자연히 뒤따르는 부산물일 뿐이다. 내가 이 세상에 우뚝 서고 말겠다는 자각과 이를 뒷받침하는 실천이야말로 진정한 독립에 이르는 지름길이다.

사람이 따르는 리더가 되는 비결

미 육군 중장을 지낸 존 헨리 스탠포드라는 인물이 있다. 1938년 필라델피아의 외곽지역인 다비에서 가난하게 자랐으며 초등학교 6학년 때는 낙제를 하기도 했지만 나중에는 공부를 열심히 해서 ROTC 장학금을 받고 펜실베이니아 주립대학교를 졸업한 인물이다. 한국전과 월남전에 참가하기도 했고 육군의 주요 자리를 거쳐 마지막으로 걸프전에서 미 육군 수송관리사령부를 지휘하기도 하였다. 그는 미 육군에서 30년 동안 일하다가 1991년 퇴역하였다.

퇴임 이후에는 조지아 주 폴턴 카운티의 행정관으로 일하였으며 1995년부터 시애틀의 공립학교 교육감으로 공립교육의 혁신을 주도하다가 1998년 60세의 나이로 세상을 하직한다.

그는 교사가 아닌 사람으로서 교육감을 맡은 드문 인물이었다. 더욱이 시애틀 최초의 흑인 교육감이었다. 그는 교육감이 되어 시애틀의 공립교육에 희망과 열정 그리고 낙관주의를 불어넣었다. 그리고 시험성적이나 학생 등록률, 기부금이 놀랄 정도로 향상되었다. 그런 성과를 두고 미국의 주요 언론들은 그의 오랜 친구인 콜린 파월 전 국무장관과 비교하기도 하였다. 그가 죽음을 맞았을 때 시애틀 공립학교에서 일하는 사람들은 열정과 희망, 낙관주의를 불어넣는 그의 특별한 리더십이 사라지게 된 것을 아쉬워했다.

그의 오랜 친구인 빌리 라일리는 그를 두고 누구나 함께 일하고 싶은 마음이 저절로 드는 상사이자 그의 명령대로 따르면 승리할 수 있다는 확신을 심어주는 인물이라고 평가한다. 누구든지 그의 뒤를 따르기만 하면 언제나 올바른 일이자 좋은 성과를 낼 수 있다는 확신을 심어준다는 점에서 대단한 인물이라며 칭찬을 아끼지 않는다. 리더십 분야의 고전으로 꼽히는 《리더(The Leadership Challenge)》라는 책을 집필한 제임스 Z. 쿠제스와 베리 M. 포스너는 그와 인터뷰한 내용을 이 책에 정리해 두었다. 그중에서 특히 다음 대목은 깊이 새겨 들어둘 필요가 있다.

"누가 저에게 그런 질문(리더를 양성하려면 어떻게 해야 하는가)을 하면, 저는 인생의 성공 비결을 알고 있다고 대답합니다. 성공 비결은 바로 사랑에 빠지는 것입니다. 사랑에 빠지면 다른 사람의 마음에 불을 댕길 수 있고, 다른 사람의 내면을 들여다볼 수 있으며, 일을 완수하는 데 더 큰 의욕을 갖게 하는 불꽃이 생깁니다. 사랑이 없는 사람은 열정이 없고, 다른 사람들을 이끌고 목표를 이루겠다는 마음이 진정으로 생기지 않습니다. 저는 인생에서 사랑보다 더 신나고 더 긍정적인 감정을 알지 못합니다. 사랑보다 더 가슴 벅차고 세상을 밝게 비추는 다른 어떤 불꽃도 본 적이 없습니다."

'흠뻑 사랑에 빠져보라'는 메시지는 궁극적으로 자신을 돕는 방법이자 타인을 돕는 방법이다. 자신의 일, 프로젝트, 직업, 가정, 인생, 어느 것이나 열렬한 사랑에 빠진 사람을 상상해보라. 그런 사람이라면 그 어떤 것에 대해서도 툴툴거릴 핑계거리를 찾을 수 없을 것이고, 그럴 만한 기분도 시간도 없을 것이다.

사랑에 빠진 사람과 함께 있으면 덩달아 의욕이 샘솟고 에너지가 넘친다. 그런 사람 주위에는 많은 사람들이 모인다. 그리고 자연스럽게 리더의 자리에 오르게 된다.

53세인 스티브 잡스는 2004년에 췌장암 수술을 받았다. 그리고 이듬해인 2005년 스탠포드대 졸업식 연설에서 그 당시 죽음 앞에 섰던 경험을 담담하게 이야기했다.

그는 매일 아침 거울을 보며 이렇게 묻는다. "오늘이 내 생애의 마지막 날이라면, 내가 오늘 하려는 일을 진정으로 하길 원하는가?" 17세 때 "매일 매일을 마지막 날처럼 사세요"라는 글을 본 이후 매일 그렇게 자신에게 질문을 던진다. 스티브 잡스는 그렇게 하루하루를 '자기 삶의 주인'으로 살아왔다.

콤플렉스, 잘 쓰면 약이 된다

어떤 인생이든지 마음 깊은 곳에는 한 자락의 회한이나 콤플렉스를 간직하고 있게 마련이다. 아마 그렇지 않은 인생은 없을 것이다. "저 사람은 얼마나 복이 많기에…"라며 많은 이들의 부러움을 사는 사람일지라도 예외가 아닐 것이다.

나 역시 열심히 살아왔고 사회적으로 어느 정도의 성취를 이루었지만 내 마음 밑바닥에는 좀처럼 지우기 힘든 콤플렉스가 있다. 다만 나는 인생이란 콤플렉스를 극복하고 치유해가는 과정이라고 생각하며 살아가고 있다.

어떻게 모든 것을 완벽하게 구비하고 태어날 수 있겠는가? 특히 야망이 있는 사람이라면 주변과 비교해서 콤플렉스를 더 많이 가질 가능성이 높다.

나는 이따금 독자들이나 청중들의 메일을 받을 때가 있다. "저는 지방대학 출신이고, 집안도 넉넉치 못합니다. 그렇다고 해서 머리가 아주 뛰어난 것도 아닙니다. 그럼에도 불구하고 제가 이 사회에서 제대로 자리를 잡을 수 있을까요?" 이런 질문을 하는 사람들이 있다.

그런 질문을 받을 때면 나는 "해답은 바로 당신 자신이 쥐고 있습니다."라고 답해준다. 누구나 콤플렉스라고 할 만한 문제점을 안고 있다. 그 문제를 어떻게 받아들이는가에 따라 인생의 향방이 크게 달라진다. 부족한 점이 없으면 그만큼 분발해야 할 이유를 찾기 힘들다.

학창시절과 지난 20여 년의 직장생활을 되돌아볼 때 유복한 상태에서 출발한 친구들 가운데 다수가 뒤처지고 마는 모습을 지켜보았다. 물론 유리한 상태에서 출발하는 것은 큰 도움이 된다. 하지만 초반의 유리함에 도취해 분발하지 않으면 결국 큰 성취를 이루어내지 못한다.

삶 자체를 문제 해결의 과정으로, 그 과정에서 느끼는 기쁨이나 행복감의 조합으로 받아들이게 되면 콤플렉스나 회한은 얼마든지 득이 될 수도 있다. 부족함을 채우기 위해 노력하는 사람에게 더 많은 체험을 할 수 있는 가능성이 열린다.

콤플렉스를 자신만의 문제로 생각할 필요가 없다. 누구든지 콤플렉스를 가질 정도로 부족한 점이 있다는 점을 분명하게 인식하기 바란다. 학벌, 재산, 집안, 미모, 두뇌, 신체조건 등 어떤 것도 콤플렉스가 될 수 있다. 그러니 콤플렉스가 없기를 바랄 수는 없는 일이다. 콤플렉스를 기꺼이 받아들일 수 있으면 된다. 자랑스러운 점이 있다면 부족한 점도 있게 마련이다. 여러분이 부러워하는 사람들 역시 대부분 남에게 내놓고 싶어 하지 않는 콤플렉스가 있고, 이를 극복하기 위해 노력하고 있음을 기억해야 한다.

다시 한 번 강조하지만, 콤플렉스를 더욱더 분발할 수 있는 원재료로 삼기만 하면 문제는 간단하게 해결된다. 집이 가난하다면, 명문대학을 나오지 못하였다면, 학창시절을 대충 보냈다면, 신체상의 하자가 있다면, 남들보다 훨씬 더 열심히 노력해야 할 소재로 삼으면 된다. 콤플렉스를 바라보는 관점만 바꾸면 세상이 바뀐다.

지질조사 여행길에 사고로 인해서 목 아래 전신 마비가 된 서울대 지구환경과학부 이상묵 교수의 인터뷰를 읽은 적이 있다.

"사람들은 제 몸 불편한 것만 보고 '저렇게 돼서 뭐 좋은 일이 있겠나' 라고 생각하는 것 같아요. 과학자로서 살아온 제 삶은 받기만 하고 돌려줄 것은 없었어요. 이젠 다른 사람을 도와야 한다는 생각을 하지요. 이기적인 입장에 있다가 관점을 달리하니 저도 마음이 편해요."

바라보는 입장에 따라서 우리는 천국을 지옥으로, 지옥을 천국으로 볼 수 있다. 콤플렉스라는 것도 똑같다.

4 끌림 속에 숨겨진 관계의 미스터리*

재산이 되는 인맥 쌓기

"이 세상에는 열심히 일하고 좋은 실적을 올리기만 하면 성공할 수 있다고 믿는 사람들이 많습니다. 그렇지만 그런 믿음이 언제나 옳은 것은 아닙니다. '좋은 실적'을 정의하는 일 자체가 게임의 규칙을 정하는 다양한 집단과 사람들의 권력에 달려 있는 경우가 많기 때문입니다."

30년 동안 조직 내부의 권력에 대해 강의를 해온 스탠포드 대학교 경영대학원 석좌교수 제프리 페퍼가 《권력의 경영》이란 책에서 서문 첫머리에 올린 글이다. 자리가 올라가고 세상의 문리를 터득해가면서 열심히 일하고 좋은 성적을 올리는 것은 기본일 뿐 출세하는 데 전부가 아님을 알아차리게 된다. 기본에 반드시 더 해져야 하는 중요한 사항이 있다.

바로 인맥이다. 인맥은 성공가도에 있어서 큰 힘을 발휘한다. 나를 이해하고 잘 아는 사람이 영향력을 발휘할 수 있는 자리에 있다는 것은 엄청난 행운이다.

인맥을 쌓아가는 것은 지식과 마찬가지로 일종의 투자 활동에 속한다. 소중한 시간과 돈을 다른 곳에 사용하지 않고, 인맥 쌓기에 투자하는 것을 말한다. 지금 쌓고 있는 인맥이 재산이 될지 아니면 부채가 될지 아무도 알 수 없는 일이다. 평소에 어떤 사람을 만나든 간에 가능하면 좋은 인상을 심어줄 수 있도록 노력해야 한다. 첫인상은 오래오래 남기 때문이다. 가능하면 '쓸 만한 젊은이구나'라는 인상을 꼭 심어줄 수 있도록 해야 한다. 의도적인 노력이 아니라 그런 태도가 몸에 완전히 배어 있어야 한다. '내가 저분이라면 어떨까?'라는 질문만으로 어떻게 행동해야 하는지 충분히 알 수 있다.

인연의 고리가 만들어지고 나면, 계속해서 그 고리를 유지해야 할 사람과 그렇지 않은 사람을 제대로 구분해야 한다. 알게 된 사람들과의 인간관계를 모두 끌고 갈 수는 없는 일이다. 중요도를 상, 중, 하 정도로 나누어보는 일도 도움이 될 것이다. 명함을 분류하는 소프트웨어를 사용하는 것도 고려해볼 만하다. 많은 사람들을 만나다 보면 나중에는 누가 누구인지 헷갈리는 수도 있기 때문에 장소, 상황, 나누었던 이야기 등을 기록해두는 일도 잊지 않도록 해야 한다. 이처럼 별것 아닌 것처럼 보이는 간단한 습관이 중요하다.

그 다음에 필요한 일은 일정한 간격으로 연락을 취해 잊히지 않도록 인맥의 망을 유지하는 것이다. 이른바 VIP 인맥이란 것이 있다. 앞날을 위해 반드시 관계를 유지해야 할 사람들을 정기적으로 체크하는 일을 게을리 하지 말아야 한다. 이 부분에서 인맥관리의 성공 여부가 결정된다고 보면 된다. 특히 '재산이 되는 인맥을 쌓는 법'이라고 하면 VIP 인맥과 소원해지지 않도록 관계를 유지해나가는 데서 해법을 찾을 수 있다.

누구에게나 적용될 수 있는 정답은 없다. 이따금 이메일로 근황을 전하는 방법도 있고 연말연시를 전후해서 전화로 문안 인사를 하는 것도 좋다. 인맥이란 본래 손아랫사람이 챙겨야 한다. 사람 사이의 관계에서 피해야 할 일은 연락이 없다가 어느 날 갑자기 부탁을 하는 것이다. 그런 경우는 생기지 않도록 주의해야 한다.

사람에 따라 빈도가 다르겠지만 소원해지지 않도록 나름대로 고리를 유지하는 방법을 찾아내서 실천해야 한다. 이것이야말로 인맥을 쌓는 지름길이라 할 수 있다. 부지런함과 정성이 합쳐져야 인맥도 재산이 된다. 그냥 많이 아는 것만으로는 충분하지 않다. 인맥관리에서도 질이나 밀도가 뒤따라야 한다.

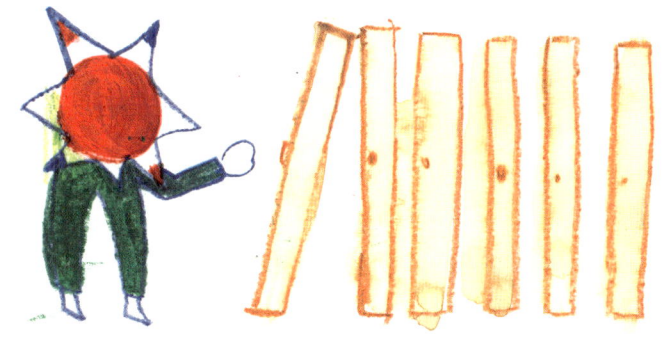

거절당하는 것을 두려워 말라

"이봐, 젊은이! 나에게 이야기해 봐. 자네 앞으로 무얼 하고 싶은가?"

솔직히 이야기하기가 쑥스러워서 우물쭈물하는 젊은이에게 한 신사가 자꾸 재촉하고 있었다. 젊은이는 막 대학을 졸업하고, 빌린 등록금을 갚기 위해 부유한 사람들이 여름휴가 때 와서 묵는 한 호텔에서 임시직으로 일하고 있었다.

신사는 캔자스시티 출신의 사업가로 실업계에 아는 사람이 많다고 하면서 젊은이에게 자꾸 하고 싶은 일이 무엇인지 물었다.

"솔직히 말씀드리자면 제 마음 깊은 곳에서는 라디오방송의 스포츠 아나운서가 되고 싶습니다."

젊은이는 어렵게 대답했다. 그 젊은이는 바로 막 유레카 대학을 졸업한 로널드 레이건. 때는 1932년 6월 여름이었다. 자신의 젊은 날을 회고하면서 로널드 레이건은 살면서 들은 조언 가운데 가장 힘이 된 조언이 바로 그 사업가에게 들은 것이었다고 말한다. 과연 레이건은 어떤 조언을 들었을까?

사업가는 두 가지 이야기를 젊은이에게 들려준다. 우선 자신이 나서서 사업하는 친구에게 일자리를 부탁할 수도 있지만, 친구는 그의 요구를 최소한의 수준에서 들어줄 것이라는 점이다. 그러니까 친구의 부탁이기 때문에 레이건을 위해 일자리를 찾아봐 주겠지만 특별하게 잘해주어야 할 의무를 느끼지는 않을 것이라는 점이다. 그래서 그 사업가는 "처음부터 자네 힘으로 해보는 것이 더 나을 것이다."라고 이야기해 준다.

또 다른 조언은 처음부터 이것저것 가리지 말 것과 거절을 많이 당하더라도 절대로 포기해선 안 된다는 것이다.

"일단 라디오방송사 문을 두드려 보게. 스포츠 방송이니 뭐니 할 것 없이 라디오 방송에 뜻이 있으니 일거리가 없겠느냐고 물어야 하네. 일이 주어지면 무엇이든 할 수 있다고 말하게. 설령 거절을 당한다 해도 실망할 필요가 없네. 외판원의 경우 250번 문을 두드린 후에야 겨우 한 개를 팔 수가 있다네. 살아가는 일 자체가 거절의 연속이라는 점만 기억하게, 젊은이."

로널드 레이건은 신사의 말대로 직장을 구하기 위해 시카고로 떠난다. 아나운서가 되겠다며 라디오방송사 문을 수없이 두드려보았지만 돌아온 것이라곤 문전박대뿐이었다. 하지만 레이건은 그 사업가의 조언을 기억하고 있었다. 그는 실망하지도 않고 포기하지도 않았다. 계속해서 노력했다. 마침내 아이오아 주의 한 지방 방송사에서 임시직 자리를 얻는 데 성공하게 된다. 중간에 포기해 버렸다면 아마도 로널드 레이건의 인생은 크게 달라졌을 것이다.

거절당하는 것을 생활의 한 부분으로 받아들여야 한다. 거절을 자기 자신에 대한 거절이 아니라 상품이나 서비스, 제안하는 프로젝트에 대한 거절로 받아들여야 한다. 그러면 좌절하지 않고 더욱 열심히 분발하게 된다.

적을 만들지 않는 방법

'적을 만들면 어떡하나' 하고 고민하는 사람에게 꼭 들려주고 싶은 이야기가 있다. 1910년 소르본 대학교에서 행한 미국 26대 대통령 루스벨트의 연설문이다. 제대로 일을 하는 사람이라면 '아, 바로 이거구나' 라고 감을 잡을 수 있을 것이다.

"비판자는 중요하지 않습니다. 강자가 실수하는 것을 지적하거나 어떤 행동을 실천한 사람에게 이러쿵저러쿵 논평하는 자 말입니다. 공을 돌려야 할 주인공은 이런 사람입니다. 실제로 경기장에 나선, 얼굴이 먼지와 땀과 피로 범벅이 된 사람입니다. 실수를 하고 거듭 기대에 못 미친 사람입니다. 착오와 부족함이 없는 시도란 없는 법이니 말입니다. 하지만 바로 위업을 달성하기 위해 애쓰는 사람, 위대한 열정과 위대한 헌신을 아는 사람, 값진 대의에 자신을 바치는 사람입니다. 잘해 봤자 끝에 가서야 위업을 달성할 수 있음을 아는 사람입니다. 못해도 최소한 과감히 도전하다 실패를 한다면, 승리나 패배도 모르는 냉정하고 소심한 영혼들과는 결코 동등한 위치가 아님을 아는 사람인 것입니다."

제대로 일을 하는 사람은 적이나 반대자가 생기는 것을 두려워하지 말아야 한다. 어쩌면 평범함을 넘어서기 위해 헌신하는 사람, 무엇인가를 이루기 위해 노력하는 사람, 예전에 해오던 대로 하기를 거부하는 사람, 특별한 것을 찾는 사람, 늘 성장하기 위해 노력하는 사람은 적을 만들 수밖에 없다. 이 점을 명심해야 한다.

동료건 상사건 간에 앞선 사람, 특별한 사람, 노력하는 사람, 열심인 사람을 어떻게 받아들일 것인지는 그 사람의 그릇됨과 천성에 크게 좌우된다. 상대방의 그릇됨과 사람됨을 여러분이 어떻게 해볼 수 없지 않은가?

제대로 일을 하는 사람에겐 적이나 반대자가 필연적으로 생길 수밖에 없다. 다만 그 숫자와 반대의 강도는 여러분이 하기에 따라서 얼마든지 낮출 수 있다. 설령 적이나 반대자라고 하더라도 철두철미하게 포커페이스를 유지하도록 하라. 절대로 표정이나 말에서 '나는 당신을 별로 좋아하지 않는다.' 는 메시지가 전달되지 않도록 해야 한다. 그렇게 하면 진짜 하수(下手)가 된다.

반대로 상대방에게 작은 호의를 베풀어라. 작은 호의를 꾸준히 반복할 수 있다면 여러분은 이길 수 있다. 호의를 계속해서 받게 되면 호의를 베푸는 사람에게 대놓고 악의를 드러내기 쉽지 않다. 칭찬이나 격려는 호의를 베푸는 좋은 방법이다. 진심으로 칭찬하고 격려하면 인간관계에서 생길 수 있는 지나친 긴장감을 해소하고 상대뿐만 아니라 자신도 도울 수 있다.

또한 상대방이 곤경에 처했을 때 적극적으로 도울 수 있는 방법을 찾는 것도 좋다. 특히 곤경에 처한 사람이 요구하기 전에 도움의 손길을 내밀면 적대감이 순식간에 동지애로 바뀌기도 한다. 할 수 있다면 당신이 성취한 업적이나 공적 가운데 일부가 적의를 가진 이의 몫이라고 비공식적으로 알릴 수도 있다.

곤경에 빠진 친구를 돕는 방법

좋은 시절에야 모두 진정한 친구처럼 보인다. 그러나 딱 한 번이라도 가혹할 정도로 어려운 상황에 놓여보라. "그 많던 친구는 다들 어디로 가버렸을까?"라는 말이 절로 나올 정도로 함께할 친구가 드물다. 한마디로 술친구나 수다친구는 많을지라도 진정한 친구를 갖기란 힘들다는 말이다. 세상 인심이란 것이 어느 시대나 비슷비슷하다. 좋은 시절에는 주변에 사람이 몰리고 어려운 시절에는 주변이 휑할 정도로 사람들이 저 멀리 달아나버린다. 친구 관계도 대부분의 인간관계와 비슷하다. 그래서 막다른 골목을 경험하고 일어선 사람들은 주변 사람이나 친구를 보는 시각이 크게 다르다.

친구가 곤경에 빠졌을 때 나의 인간 됨됨이가 드러남을 알고 있어야 한다. 우선은 친구가 처한 딱한 상황을 공감할 수 있어야 한다. 측은지심(惻隱之心)이란 말이 있다. 어려운 형편에 처한 친구를 보면서 마치 자신의 문제처럼 불쌍히 여기는 마음을 갖는 것을 뜻한다. 진정한 친구라면 당연히 그런 마음을 가져야 한다. 여기서부터 '내가 힘이 닿는 데까지 도와야 한다.'는 마음이 생기게 된다.

언젠가 한 유명 탤런트가 어이없는 죽음을 맞게 되었을 때 남아 있는 부인의 친구들이 나서서 뒷일을 수습하는 모습을 보면서 '저 사람이 인생을 헛산 것은 아니구나.' 라는 생각을 한 적이 있다. 측은지심을 갖고 마치 자신의 문제처럼 나선다면 친구관계가 과거보다 훨씬 더 굳건해진다. 사람이란 서로에 대한 기대감이 있기 때문에 곤경이 끝나갈 즈음이 되면 친구관계가 두터워지기도 하고 엷어지기도 한다. 이를 결정하는 것은 바로 여러분 자신임을 잘 알고 있어야 한다.

친구 사이에는 알게 모르게 라이벌 의식도 있다. 때문에 "내가 무엇을 도와줄까?"라는 말을 당사자 앞에서 불쑥 내놓아서는 안 된다. 우선은 어려움에 처한 친구의 말을 많이 들어주어야 한다. 건성으로 듣는 게 아니라 마치 자기 문제처럼 공감을 표하면서 경청해야 한다. 그리고 나서 친구가 스스로 현명한 결정을 내릴 수 있도록 질문하거나 조언을 더할 수 있다. 하지만 여러분이 나서서 결론을 성급하게 내리지 않도록 하는 것이 좋다. 이런저런 대안이 있는데 어떻게 하는 것이 좋을까, 정도면 된다. 여기서 한걸음 나아가 '나라면 이런 결정을 내릴 수도 있을 것 같은데' 하는 정도면 된다. 이런 잠정 결론도 마지막에나 나올 법한 말이다.

여러분의 시간과 돈 그리고 정성을 어느 정도 투입할 것인가는 자신이 결정해야 하는 문제다. 세상에는 이해를 따져야 할 때가 있고 반대로 이해를 떠나서 자기 것을 베풀어야 할 때가 있다.

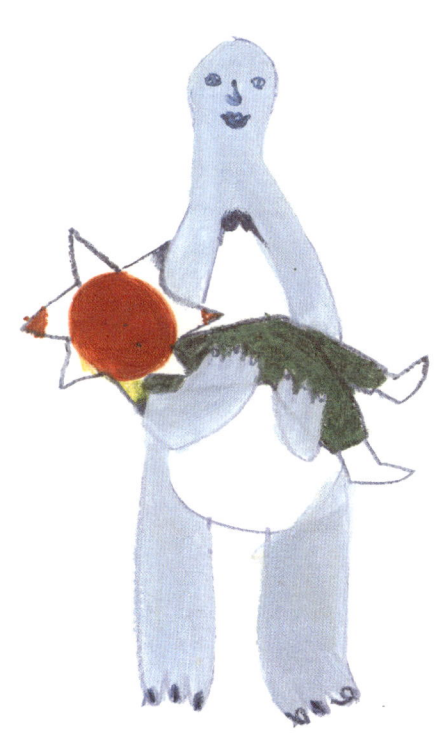

모든 사람을
정중하게 대하라

무더운 여름날 오후 한 노인이 열심히 잔디를 깎고 있었다. 작업복은 땀으로 흥건히 젖어 있었고 잔디 부스러기가 작업복 여기저기에 붙어 있었다. 시원한 에어컨이 켜진 로비에 들어서자 젊은 세일즈맨이 의자에 앉아 잡지를 읽고 있었다. 노인은 "안녕하세요. 어디서 오셨습니까? 무척 덥죠?"라고 인사를 건넸다. 하지만 세일즈맨은 아무런 응대를 하지 않았다. 말쑥하게 차려 입은 세일즈맨은 별 볼일 없는 청소부와는 가벼운 인사조차 나누고 싶지 않다는 표정으로 눈길을 돌렸다.

노인은 사무실로 올라가는 길에 방문객 명부를 보고 그 젊은이가 구매담당 직원을 만나러 왔음을 확인했다. 잠시 후 노인은 구매담당 직원에게 "구매 건으로 온 세일즈맨과 함께 내 방에 잠시 들러주세요."라고 전했다. 세일즈맨은 사장님이 직접 부른다는 소식에 한층 고무되었다. 세일즈맨이 사장실에 들어서자 노인은 "누가 어떤 모습을 하고 있더라도 사람을 차별하는 일은 올바르지 않습니다. 잔디를 깎는 노인이든 청소부이든 간에 사람을 차별 대우해선 안 됩니다. 앞으로 우리 회사와 거래를 계속하고 싶거든 차별하지 않는다는 부분에 대해서 늘 주의하기 바라오."라고 말했다. 그 노인은 오하이오 주의 뉴악에 위치한 미국 1위 수제바구니 회사인 롱거버그 사의 창업주 데이브 롱거버거(1934~1999)이다.

'누구든 공정하게 대하라' 는 말을 기억하기 바란다. 사람은 누구든지 외모를 보고 사람을 판단하는 습성을 갖고 있다. 이것저것을 따져보기 힘든 상황에서 외모는 대체로 사람에 대한 정보를 여러 가지 전해주기 때문이다. 하지만 예외도 얼마든지 있다. 학벌, 지위, 외모, 재산 등에 관계없이 누구든 공정하게 그리고 정중하게 대하는 태도가 몸에 완전히 배도록 하라. 그렇게 해야겠다고 마음먹는다고 해서 한순간에 가능한 것이 아니다. 습관이 되어야 한다.

자신이 어떻게 해볼 도리가 없는 문제 때문에 차별을 당했다고 생각하는 사람들에게 그 상처는 오래간다. 어쩌면 영영 모멸감을 잊지 않을 수도 있다. 사람에게 큰 상처와 모멸감을 주는 태도는 세상을 제대로 살아가는 방식이 아니라고 본다.

타인에게 큰 도움을 주지는 않더라도 정중하고 공정하게 대하는 것만으로도 상대방을 돕는 일이다. 타인을 정중하게 대하는 일은 자신을 돕는 일이기도 하다. 스스로 그런 행동을 통해서 자긍심을 느낄 수 있기 때문이다.

이따금 말쑥하게 잘 차려 입고 학식도 높은 사람과 함께 식당에 갔다가 놀랄 때가 있다. 직원들의 실수를 그냥 넘기지 못하고 노발대발하는 경우다. 아마 그런 일을 하는 사람을 낮춰보기 때문이 아닐까. 여러분의 평판은 결국 돌고 돌아서 여러분 귀에도 들어올 수 있다. 늘 정중하게 사람을 대해야 한다. 특히 세상 사람들이 그다지 중요하지 않다고 생각하는 일을 하는 사람들을 정중하게 대해야 한다.

나는 하느님이 주신 3가지 은혜 덕분에 크게 성공할 수 있었다. 첫째, 집이 몹시 가난해 어릴 적부터 구두닦이, 신문팔이 같은 고생을 통해 세상을 살아가는 데 필요한 많은 경험을 쌓을 수 있었고, 둘째, 태어났을 때부터 몸이 몹시 약해 항상 운동에 힘써 왔기 때문에 건강을 유지할 수 있었으며, 셋째, 초등학교도 못 다녔기 때문에 모든 사람을 다 나의 스승으로 여기고 누구에게나 물어가며 배우는 일을 게을리 하지 않았다.

- 마쓰시타 고노스케

사내 정치에서 승리하는 방법

마음으로 기꺼이 받아들일 수 없을지라도 정치와 더불어 살아가야 한다. 한걸음 더 나아가 정치를 사랑할 수 있어야 한다. 톰 피터스는 정치를 두고 '사람을 통해 일하는 기술'이라는 멋진 정의를 내리기도 한다. 정의가 어떠하든지 간에 정치를 싫어하면 큰 성공을 이루기는 어렵다.

젊었을 때는 그냥 열심히 일하고 그 성과를 바탕으로 승진하는 것이 정상이라고 생각하기 쉽다. 하지만 내가 열심히 일해서 일구어낸 성과를 인정해 주지 않을 수도 있다. 사내에 힘을 가진 사람이 '저 친구는 싹수가 없어'라는 평가를 내리기라도 하면 아무리 노력해도 좋은 결과를 얻지 못할 수도 있다. 톰 피터스는 "정치를 좋아하지 않으면 뭔가 이룩할 생각일랑 꿈에도 갖지 말라." "정치를 좋아하지 않으면 아무것도 이룰 수 없고 리더가 될 수도 없다."라고 단언한다.

한마디로 정치란 점잖은 사람이면 멀리해야 하고, 더럽고 치사하고 품격이 낮은 것이라고 여긴다면 그냥 말단에서 조용히 머물다가 사라질 가능성이 높다. 왜냐하면 도처에서 여러분의 잠재능력을 알아차린 적들이 여러분을 가만 두지 않을 것이기 때문이다. 적을 제거하기 위해 단결한 무리들이 얼마든지 등장할 수 있다. "아니, 그런 법이 어디 있어요?"라고 항변할 수 있지만 그것이 바로 세상살이다. 일도 열심히 해야 하지만 정치력을 갖기 위해 기꺼이 노력해야 한다. 그래야 손해도 덜 보고 최악의 경우 밀려나지 않을 수 있다.

가장 먼저 타인에 대한 감수성을 가져야 한다. 우리가 이제껏 배운 것은 자기 자신이나 전공분야에 대한 지식이다. 이제부터는 타인에 대한 감수성을 키워야 한다. 타인의 입장에서 생각하는 능력을 키우지 않으면 기분 나쁜 이야기를 불쑥 쏟아내 상사의 비위를 상하게 할 수 있다. 타인에 대한 감수성은 사람에 대한 예리하고 냉철한 관찰과 지식을 필요로 한다. 불행하게도 학교 교육에서 이런 내용은 거의 가르치지 않기 때문에 스스로 노력해서 익혀야 한다. 한마디로 윗사람이나 조직의 핵심 인물을 대할 때 센스가 있어야 한다는 말이다.

권력에 대한 연구서를 낸 제프리 페퍼 교수는 스탠포드 대학에서 만난 대부분의 학생들이 타인에게 영향력을 행사하는 리더십 교육만 잔뜩 받았다고 말한다. 그는 "타인을 예리하게 감지하기 위해서는 적어도 어느 순간만큼은 자기 자신, 자신의 필요와 믿음에 대한 생각을 멈추고 타인을 자신과 동일시할 수 있어야 한다."고 말한다.

지나치게 고집불통인 사람으로 낙인찍혀선 안 된다. 공부를 하거나 학문을 하는 데는 유용한 능력이 현실 세계에서는 제대로 작동하지 않을 수 있다. 이 가운데 하나가 바로 융통성이다. 상황에 따라서 자신의 생각이 바뀔 수도 있음을 기꺼이 받아들일 수 있어야 한다. 한번 내뱉은 주장이기 때문에 도저히 거두어들일 수 없다고 생각하면 윗사람과 충돌을 빚거나 윗사람의 자존심을 상하게 할 수도 있다. 융통성은 자기 자신을 낮추면서 타인과 어울리는 능력과도 깊이 연결되어 있다. 지나치게 유들유들한 친구라는 인식을 심어줄 수도 있지만, 결국 이런 사람들이 사내 정치에서 승리하는 경우가 많다.

현실이라는 것이 늘 바뀌고, 현실을 바라보는 상사들도 늘 변한다는 것을 기억하기 바란다. 딱딱한 나무보다는 대나무가 되라고 권하고 싶다.

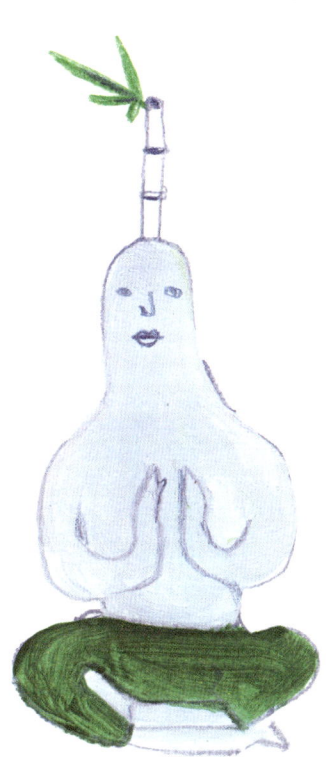

사람을 믿어야 할 때와
의심해야 할 때

조선조 군왕 가운데 연산군은 폭군 중의 폭군으로 후세에 알려져 있다. 하지만 최근 들어 이런 평가를 성리학으로 무장한 사람들이 모반을 정당화하기 위해 취한 조치라고 해석하는 사학자들이 등장하고 있다. 연산군을 폐위시킨 반정 당사자들은 대부분 연산군에게 큰 은총을 입었던 측근들이었다. 연산군의 실책은 소인배를 충신으로 착각한 일이며, 지나치게 그들을 믿은 나머지 측근을 제대로 단속하지 못한 데서 그 원인을 찾을 수 있다.

《연산군을 위한 변명》이란 책을 쓴 신동준 씨는 중종반정을 두고 "한마디로 연산군은 자신의 치세를 지나치게 자만하다가 이 같은 화를 자초했다고 볼 수 있다. 자신감이 지나친 나머지 주변을 단속하지 않은 결과라고 볼 수 있다."라고 평가한다.

예전이나 지금이나 권력 주변에서 벌어지는 모반사건은 대부분 측근들에 의해 야기된다. 근래에 사회 문제가 되었던 일부 대기업 관련 사건들 역시 측근의 내부 제보에 의해서 시작되었다.

어린 시절 어머니가 들려준 이야기 가운데 '두 발 달린 짐승'이라는 표현이 오래 기억 속에 남아 있다. 집에서 키우는 개나 고양이가 배반이나 모반을 꾀하는 일은 없다. 동물은 주인에게 변함없는 충성을 바친다. 하지만 사람은 그렇지 않다. 사람은 곤경에 처했을 때 받은 도움을 쉽게 잊어버린다. 함께했던 좋은 나날도 금방 잊어버린다. 눈앞의 이해관계를 중심으로 생각하는 존재가 바로 인간이다. 그래서 '네 발 달린 짐승'과 '두 발 달린 짐승'은 많이 다르다.

학교나 공공기관에 근무하는 사람들에 비해서 이해관계가 충돌하는 사업 세계에 몸담고 있는 사람들은 이해관계에 더 민감하게 움직인다. 속고 속이는 일이 자주 일어나는 곳에 살고 있기 때문이다.

세월과 함께 사람을 바라보는 시각도 조금씩 변하게 된다. 사람은 대개 자신의 이해에 충실하게 행동한다는 점을 인정하게 되는 것이다. 사람은 때론 이해관계에 따라서 겉과 속이 다르게 행동할 수 있다는 점을 자연스럽게 받아들이게 된다. 그러니까 '인간은 이러저러하게 행동해야 한다.'는 식으로 사람을 바라보는 것이 아니라 '사람은 원래 이렇게 행동한다.'는 식으로 이해하는 것이다. 당위보다는 현실 속의 인간으로 바라보는 것을 뜻한다.

사람에 대한 믿음은 필요하다. 하지만 영원히 관계가 유지될 것으로 생각해 자신의 속내를 모두 보여주는 우를 범하지 않기를 바란다.

내가 하는 말을 지금 당장 알아차리긴 쉽지 않을 것이다. 왜냐하면 지금까지 배운 내용과 다르기 때문이다. 하지만 '저럴 사람이 아닌데…'라는 쓰라린 경험을 직접 겪으면서 사람을 보는 시각이 현실적으로 조정될 것이다.

작게 당하는 것은 어찌할 수 없는 일이라 할지라도 크게 당하지 않도록 적당한 선을 늘 유지하기 바란다. 심한 배반감을 느끼는 일이 있었다면 '그래, 사람 사이의 관계라는 것이 그렇지'라고 마음을 다독이기 바란다. 그 경험을 바탕으로 다음에는 그런 참담한 마음이 들지 않도록 노력하면 된다. 시행착오 없이 배울 수 있다면 좋겠지만 사람 사는 일이 어디 그런가?

누구를 믿고 싶어서 혹은 누군가를 하루라도 못 보면 못 살 것 같은 생각이 들 때면 '이게 본 모습은 아닌데'라는 생각으로 한 번 정도 특정 인물을 향한 '믿음의 질주'에 브레이크를 걸기 바란다.

죽은 개는 아무도 걷어차지 않는다

명문 시카고 대학의 역대 총장 가운데 큰 영향을 미친 인물이 로버트 메이널드 허킨스 씨다. 그는 1929년에 시카고 대학에 취임하여 1945년까지 재임하는 동안 시카고 학부교육의 교육 과정을 개혁한 인물로 오늘날 시카고 대학의 독특한 학풍을 만들어내는 데 기여했다. 그는 웨이터, 벌목꾼, 가정교사, 빨래걸이 외판원을 하면서 예일 대학교를 졸업했고, 시카고 대학 총장으로 임명되기 전 2년 동안 예일 법과대학원 학장을 지내기도 했다. 놀라운 사실은 그가 총장으로 임명되던 시점이 불과 30세였다는 점이다. 보수적인 교육계에서 당연히 그의 취임을 반대하는 목소리가 높았음은 물론이고 언론도 반대 대열에 참가하게 된다.

총장 취임식이 거행되던 날 아침 허킨스의 친척이 분개하여 허킨스의 아버지에게 "오늘 아침 신문에 허킨스를 공격하는 사설이 실렸는데, 전 그 사설을 읽고 정말 화가 치올랐습니다."라고 말한다. 그러자 허킨스의 아버지는 이렇게 대꾸한다. "나도 읽어보았네. 꽤 가혹한 말을 했더군! 그렇지만 이렇게 생각해 보게나. 죽은 개는 아무도 걷어차지 않는 법이라네."

여러분이 조직 내에서 그냥 조용히 죽어서 지내고 남들이 하는 수준 정도만 하는 사람이라면 아무도 비난하거나 헐뜯지 않을 것이다. 주변 사람들은 여러분을 '공손하고 예의 바른 사람'이라고 칭찬할 수도 있고, 잘하면 처음 얼마 동안 승진 대열에서 앞설 수도 있다.

그러나 열심히 무엇인가를 만들어내려고 노력하면 필연적으로 비난이 뒤따를 수밖에 없다. 일부러 비난을 살 필요는 없지만, 열심히 하는 사람이라면 비난이나 비판에 대해서 대수롭지 않게 생각하고 무시해버릴 수 있어야 한다. 비난에 일일이 맞서서 해명을 하거나 비난하는 사람을 만나서 설득하려는 것은 아무 소용없는 일이다. 노력한다고 해서 비난이 없어질 수는 없기 때문이다.

비난을 피하는 방법은 딱 한 가지다. 특별한 노력을 하지 않고 남들과 보조를 맞추어서 가면 된다. 물론 그 선택의 결과는 평범한 회사원으로 늙어가는 것이다.

일을 제대로 하기를 원하는 사람이라면 만인의 친구나 연인이 되겠다는 기대를 접어야 한다. 부당한 비난에 대해서는 철저히 무시하도록 하라. 비난하는 사람들을 설득하기 위해 시간을 투입할 필요가 없다. 오로지 성과로서 말한다고 생각하고 행동하라. 데일 카네기는 비난받는 사람들을 위해 일찍이 멋진 조언을 해주었다.

"만약 당신이 다른 사람에게 걷어차이거나 비난받을 때, 당신을 걷어차거나 비난한 사람은 그러한 행위를 함으로써 당신보다 자신이 돋보이는 듯한 기분에 사로잡힌다는 사실을 기억하기 바란다. 왜냐하면 이 세상에는 자기보다 높은 교육을 받았거나 성공한 사람을 나쁘게 말하거나 깎아내림으로써 야만적인 만족감을 느끼는 사람들이 의외로 많으며, 당신이 그런 일을 당한다는 것은 그 사람보다 더 뛰어나거나 앞서 있음을 의미하기 때문이다."

단기간의 인기에 연연해하지 말고, 상대방의 비평에 연연해하지 말고, 상대방의 호의를 기대하지도 말고, 무소의 뿔처럼 씩씩하게 나아가면 된다. 시간이 흐르고 성과가 빛을 발하면서 "저 친구는 진짜 대단해!" 하는 탄성이 나올 정도가 되면, 그때서야 비로소 비난의 강도가 약해질 것이다. 원래 선지자는 고향에서 환영받지 못한다는 사실을 기억하기 바란다.

사람의 본성을 이해하는 6가지 원칙

학교는 개인플레이가 능숙한 사람을 배출한다. 학교에서는 더 좋은 성적을 거두기 위해 누구와 협력할 필요가 없다. 이를 두고 영국의 경영평론가인 찰스 핸디는 "학교는 인생을 그렇게 많이 준비시켜주지 않는다. 시험 위주의 공부로 학교에서 배운 것 중에 많은 부분이 지금은 거의 남아 있지 않다. 훗날 인생학교를 다니며 중요한 것들을 다시 배워야 했다."라고 말한다.

인생학교에서 배워야 하는 것들 중에 빼놓을 수 없는 것이 사람과 사람 사이의 관계를 어떻게 맺을 것인가라는 점이다. 왜냐하면 회사에서 이뤄지는 일들 중 상당 부분은 협업에서 나오기 때문이다. 회사에서 성공적인 인간관계를 원하는 사람이라면 다음 여섯 가지 원칙을 가슴에 새기길 바란다.

첫째, 사람들은 대부분 자신의 이익에 따라 행동한다.
회사에서 '왜 저 사람은 자기 본위로 행동할까?'라는 생각이 들 때면, 사람의 본능이 본래 그렇다고 이해하면 된다. 이를 두고 기분 나빠하거나 비난하는 것은 도움이 되지 않는다. '누구든 자신의 이익에 충실한다'는 가정을 받아들이고 서로의 이익에 도움이 될 수 있는 방법을 찾도록 노력하면 된다.

둘째, 뛰어난 사람에 대한 질투와 시기심은 불가피하다.
사람은 항상 비교하는 본능을 갖고 있다. 동료는 물론이고 한참 나이가 위인 상사 역시도 질투와 시기심으로부터 자유로울 수 없다. 특히 여러분이 똘똘한 젊은이라면 상사는 두 가지 감정이 묘하게 교차하는 경험을 할 것이다. '정말 저 친구는 대단하다'는 찬사와 '나는 저 나이 때 무엇을 했지?'라는 안타까움과 후회다. 행여나 상사가 별것 아닌 것을 갖고 트집을 잡거나 까탈을 부리더라도 '누구나 시기심과 질투가 있다'고 이해하고 넘어가면 된다. '어떻게 한참 아랫사람에게 저렇게 할 수 있지?'라고 분노하지 말라. 여러분이 잘나가는 데 대한 '비용'이라고 생각하기 바란다.

셋째, 가능한 상대방의 좋은 면을 봐야 한다.
똑똑한 젊은이일수록 인간에 대한 기대수준이 높다. 그래서 자신보다 못한 사람들을 보면 항상 약점에 눈길이 가게 된다. 'A는 이런 점이 부족하고 B는 저런 점이 부족해.'라고 지적할 수 있다. 물론 마음속으로 약점을 보더라도 자신의 기대수준이 지나치게 높을 수 있다는 가능성을 늘 염두에 두어야 한다. 그리고 누구나 약점이 있다는 점을 기꺼이 인정해야 한다. 가능한 좋은 점에 눈길을 주고 약점에는 눈을 감아라. 그렇지 않으면 원만한 관계를 맺기 힘들다. 상대방에 대한 불편한 기분은 전달되기 쉽다는 점을 기억하기 바란다.

넷째, 지나친 흑백론은 도움이 되지 않는다.
회사에서 일할 때는 자신의 기준을 들이대지 말고 가능한 전반적인 분위기에 자신을 맞추도록 노력해야 한다. 한마디로 사람을 대할 때도 융통성 있게 행동하라는 뜻이다. 지나치게 좋고 나쁨이란 감정에 휘둘려선 곤란하다. 사람을 중심으로 보지 말고 일을 중심으로 보면 된다.

다섯째, 선의와 호의로 대한다.
상대방이 여러분에게 어떤 감정을 갖고 있든지 간에 최대한의 선의와 호의를 갖고 대해야 한다. 특히 그다지 탐탁지 않게 생각하는 사람이라면 더더욱 속내를 숨기고 친절하게 대해야 한다. 인간은 계속해서 주는 사람에게 마음의 문을 열게 되어 있다.

여섯째, 대립은 자연스럽게 받아들인다.
사회적인 삶에는 대립과 갈등이 원래부터 존재한다. 대립과 갈등을 이겨내는 방법은 복잡하지 않다. 의견의 대립을 사람 간의 대립과 구분해서 보면 된다. 얼마든지 의견이 다를 수 있지만 그것이 사람 간의 대립으로 이어지지 않도록 주의해야 한다.

스캔들을 잠재우는 방법

살다보면 사소한 실수를 할 수 있다. 큰일이 아니니 용서하고 넘어갈 수도 있을 것 같은데 세상 사람들 중에는 '이번 기회에 확실히 손봐주겠어'라고 작심하고 공격하는 이들이 있다.

때로는 나와 아무 관련이 없는 일인데도 오해 때문에 마치 굴비 엮이듯이 꼼짝달싹 못하게 걸려들 때가 있다. 자신이 원인을 제공하였든 아니든 간에 당사자가 되면 정말 참담한 기분이 들 것이다.

가장 좋은 방법은 빌미를 제공하지 않는 것이다. 털어도 먼지 하나 나지 않도록 해야 한다. 특히 남들과 달리 열심히 무엇인가를 추구하는 사람에겐 적이 있게 마련이다. 적의 올가미에 걸려들지 않도록 주의하고 또 주의할 일이다.

그러나 아무리 조심해도 예상하지 못한 곳에서 문제가 터질 때가 있다. '카더라' 같은 가십성 소문은 정말 순식간에 회사 내에 혹은 지인들 사이에 퍼져 나가게 된다. 여러분이 당사자가 되면 모든 것이 얼어붙는 것 같은 공황 상태에 빠질 수 있다. 어디부터 손을 써야 할지 모를 정도로 불안하고 당황스러울 것이다.

그럴 때면 숨을 깊이 들이쉬고 문제의 원인과 대책을 노트 위에 찬찬히 정리해 보기 바란다. 최악의 경우를 생각해 보라. 체면이 손상되기는 하겠지만 생사가 걸린 문제는 아님을 꼭 명심해야 한다.

그리고 구질구질하게 여기서 조금 저기서 조금 변명하지 않도록 주의해야 한다. 왜냐하면 이미 '카더라' 통신문을 받은 사람들은 여러분이 무슨 말을 하더라도 여러분의 변명보다는 '카더라' 통신을 더 믿을 것이기 때문이다. 원래 인간이란 그런 풍문에 귀가 솔깃해지게 생겨 먹었기 때문이다. 큰 해일처럼 스캔들이 몰려오는 시점에는 어떤 변명을 하더라도 스캔들에 날개를 달아줄 뿐이다.

할 수 있다면 단호하게 몇 마디 정도 할 수 있다. "그 일에 나는 관여한 바가 없다"라거나 "그 일에 대해서는 이런저런 부분에 대해서만 내가 실수를 했다"는 정도만 언급하면 된다. 그러니까 장황한 변명 없이 '했다' 혹은 '하지 않았다' 정도면 된다. 스캔들에 대해서 공식적인 해명을 할 기회가 없다면 여기저기 다니면서 주절주절 늘어놓지 말아야 한다. 사람만 추해지고 스캔들을 즐기는 사람들에게 즐거움만 줄 뿐이다. 대부분의 스캔들은 시간이 해결해 준다. 참담한 마음이 든다면 소설가 최인호 선생의 저서 《산중일기》에 나오는 대목을 곱씹어 보라.

"우리는 더우면 본능적으로 더운 곳을 피하려 한다. 더운 곳을 피해 에어컨을 틀거나 선풍기를 틀거나 부채질을 하면 더위가 일시적으로 가실 수 있을지 모르지만 더위에서 벗어난 것은 아니다. 마찬가지로 우리는 고통이나 불안이 있으면 본능적으로 그 고통을 잊으려고 술을 마시거나 호흡을 하거나 다른 방법으로 이를 피하고 잊으려 한다. 그러나 피한다고 해서 그 고통이 소멸되는 것은 아니다. 오히려 그 고통은 더 큰 고통으로 남아 있을 뿐이다. 고통에서 벗어나기 위해서는 고통을 잊으려고 노력할 것이 아니라 고통의 심연 속으로 뛰어 들어가야 한다. 니체는 실존철학을 주장하면서 자신의 저서에서 나를 죽이지 않는 한 모든 것은 나를 강하게 할 뿐이라고 선언했다."

믿을 만한 사람이 되는 간단한 방법

"말도 안 돼요. 소소한 약속은 회사 사정 때문에 몇 번 어겼을 것 아니에요?"
나는 주저함 없이 이렇게 답했다.
"그런 적 없는데요."
이런 경우 항상 상대방은 "어떻게 그것이 가능한가요?"라고 묻는다.

안철수 교수가 사장 시절 집필한 《CEO 안철수, 영혼이 있는 승부》에 나오는 인상적인 대목을 옮겨 보았다. 그는 회사를 세우기 전부터 지켜오던 중요한 원칙을 회사를 운영할 때나 사생활에서도 지켜왔다고 말한다. 예를 들어 상대방이 "이건 절대 다른 사람에겐 하지 말아야 할 얘긴데…"라고 말하며 한 이야기는 누구에게도 전하지 않는다고 한다. 누구나 쉽게 지킬 수 있는 원칙이 아니다. 하지만 노력하면 생활의 중심에 굳게 자리 잡도록 할 수 있다. 젊은 시절부터 몸에 배도록 하면 좋은 습관이라고 생각한다.

사소한 약속이라도 반드시 지키는 습관을 갖는다면 정말 틀림없는 사람, 신용 있는 사람으로 인정받을 것이다. 뿐만 아니라 자신에 대해서 엄격함을 유지할 수 있기 때문에 자존감도 크게 높일 수 있다.

어떻게 하면 이런 습관을 가질 수 있을까? 우선은 세상에 사소한 약속은 없다고 정의내리고 살면 된다. 큰 약속이든 작은 약속이든 약속은 약속이라고 생각하면 된다. 입을 통해서 나간 말이든 문건으로 작성한 것이든 약속은 반드시 지킨다는 원칙을 분명히 하고 살면 된다.

우리는 이따금 사람들과 만나고 나서 헤어질 때 "다음에 식사나 한번 합시다." 라며 지나가는 말을 한다. 그런 약속까지도 꼭 지켜야 하는 것일까?

지키지 못할 약속은 아예 하지 않는다고 생각해 버리면 된다. 이런 면에서 안철수 교수는 실용적인 팁을 한 가지 소개한다. 그는 약속을 지킬 수 있을 것 같고, 그 확률이 90% 정도가 되더라도 약속을 하지 않는다고 한다. 무슨 약속이든 간에 99% 정도의 가능성이 없다면 약속을 하지 않는다는 원칙을 제대로 지켜 약속을 모두 지킬 수 있었다고 한다.

선뜻 이렇게 하겠다고 약속하는 것은 신중함이 부족하거나 습관 때문일 가능성이 높다. 스스로 자신의 입을 통해 나간 약속은 반드시 지킨다는 원칙을 세우고 이 원칙을 지키기 위해 최선을 다해보자. 이런 사소한 습관이 축적되면서 멋진 인생을 만들어갈 수 있다.

사랑에도 다짐이 필요하다.
사랑이란 당신이 안전하다고 느끼는 이들과 함께
당신의 추억과 꿈, 생각과 신념, 두려움과 환상을
공유하는 것이다.
사랑은 궁극적으로 당신이 잘나갈 때나
힘겨운 상황에 놓일 때나
내가 당신을 위해 그곳에 있을 것이며,
당신 역시 나를 위해 그곳에 있을 것이라는 약속이다.
당신의 욕구와 의식적으로 소통하고
당신이 사랑하는 사람의 욕구에도
귀를 기울이겠다고 다짐하라.
이것이 바로 인간적인 사랑의 최고의 표현이다.

- 데이비드 사이먼, 《다짐》

대단한 사람 앞에서
주눅 들지 않는 방법

전직 장관 K씨가 바로 옆 사무실에 머문 적이 있다. 장관직을 그만두고 다른 자리를 알아보는 사이에 잠시 머물렀던 것으로 기억한다. 당시 필자는 30대에 막 들어섰을 때였고 공부를 마친 다음 일을 본격적으로 시작한 지 3년 정도나 지났을 무렵이었다. 그분이 상사를 통해서 요구한 자료를 전달하기 위해 연구실을 방문해서 자료를 전달하는 과정 중에 나는 약간 긴장하였다. 한마디로 높은 자리, 화려한 경력, 연령에 주눅이 든 것이다. 내가 그때의 경험을 또렷하게 떠올릴 수 있는 것은 연구실을 나왔을 때 기분이 썩 유쾌하지 않았기 때문이다. '내가 왜 이렇게 위축이 되지?' 나는 씁쓰레한 기분으로 이런 생각을 했다.

젊은 날은 실력, 재력, 명성 등 어느 면에서나 부족한 시기이다. 원하는 것을 만들기 위한 기초를 닦는 시기이기 때문에 당연히 부족할 수밖에 없다. 그러다 보니 큰 재산을 모은 사람이나 대단한 자리를 차지하였거나 명성이 높은 사람들 앞에 서면 자연히 위축된다.

대중 강연을 많이 하다 보니 보통 시민들부터 기업체의 CEO에 이르기까지 다양한 청중을 만나게 된다. 상대방에게 주눅이 들게 되면 당연히 강연을 제대로 풀어 갈 수 없다. 때문에 직업적인 성공을 위해서도 이를 극복하는 일은 필수적이다.

주눅 들지 말아야겠다고 마음먹는 것만으로는 부족하다. 우선은 착실히 자신을 갈고 닦아야 한다. 그리고 할 수 있는 한 스스로 내세울 수 있는 성취 목록을 채워가야 한다. '나도 저 나이가 되면…' 이라는 의문에 스스로 답을 할 수 있어야 한다. 그래야 주눅이라는 불쾌한 감정을 누를 수 있다. 그리고 무엇이든 열심히 해야 한다. 치열한 생활에서 나오는 자신감도 크게 도움이 된다. 그런데 성취 목록을 채우고 자신감을 갖게 되려면 시간이 걸린다. 사람에 따라서 원천적으로 가능성이 낮은 경우도 있다.

그러면 최후의 방법이자 최고의 방법은 무엇일까? 인간의 본래 모습을 머릿속에 그려보면 도움이 된다. 재산을 많이 가진 사람이든 하늘만큼 높은 자리에 앉은 사람이든 간에 사는 모습은 보통 사람들과 별반 다를 바가 없다. 그들 역시 아침에 일어나면 화장실에서 필수적인 일을 해야 하고 자기 손으로 밥을 먹어야 한다. 그들 역시 한꺼번에 두 다리를 팬티에 넣을 수는 없다. 특별한 사람이란 없다는 말이다. 지위, 돈, 학벌 등은 모두 화려한 의복과 같은 것이다.

나는 아주 아름다운 여성들을 만날 때마다 눈앞의 미모를 넘어서 그들의 궁극적인 모습을 잠시 생각해본다. 그러면 눈앞의 모습에 현혹되거나 지나친 부러움을 갖지 않게 된다. 아무리 아름다운 꽃도 피고 나면 지게 마련이다. 다 지나가고 마는 순간의 모습일 뿐이다.

그렇게 생각하면 주눅 드는 정도를 줄일 수 있다. 상대방이 가진 것에 대해 지나치게 중요성을 부여하기 때문에 주눅이 드는 것이다. 그러니까 당신은 가졌지만 나는 갖지 못했고, 당신이 가진 것은 정말 중요하다고 의미를 부여하게 되면 주눅이 들게 된다.

장관이 꼭 되고 싶은데, 장관이 될 수 없다면 주눅이 들 수 있다. 그러나 조금 시각을 달리해 보면 장관이라고 해서 뭐 특별한 게 있겠는가. 이런저런 일로 속 썩고, 물러나면 잊혀지고, 죽고 나면 신문 부고 란에 잠시 소개되는 정도가 아닌가. 이렇게 해석해버리면 '영광은 잠시이고 모든 것은 잊혀진다' 는 결론을 내릴 수 있다.

대통령이건 국회의원이건 남이 만들어준 자리는 다 덧없다는 생각이 든다. 이렇게 생각하면 남들이 만들어준 자리에 연연해하지 않는다. 젊은 시절에는 이런 관점을 갖지 못했기 때문에 나 또한 지위가 높은 사람 앞에서 주눅 들 수밖에 없었을 것이다. 그러나 이제는 지위 고하를 막론하고 모든 사람을 겸손하게 대한다. 남들이 만들어준 '자리' 가 얼마나 덧없고 무상한지 잘 알기 때문일 것이다.

남들이 만들어준 자리와 스스로 자리를 만들어내는 것은 엄청나게 다르다. 처음에는 대부분 조직생활부터 시작해야 할 것이다. 하지만 언젠가는 나 자신을 위한 자리를 만들어내고야 말겠다는 굳센 의지를 갖고 직장생활을 해나가기 바란다. 그렇게 생각하면 진짜 치열하게 젊은 날을 살아갈 수 있다.

5 행복을 부르는 돈과 사랑의 미스터리*

수입이 많은 직업을 선택하는 방법

"4년차 직원인데 이직할까 봐서 연봉을 2배로 올려주었는데, 결국 옮겼습니다. 신생 경쟁사가 저희들이 올려준 것에 딱 2배를 불렀거든요. 두 배 더 준다고 하는데 옮기지 않을 직원이 있나요."

한 모임에서 모 증권사 사장님과 나눈 대화를 한 대목 옮겨보았다. 당시 증권사들은 한창 스카우트 경쟁을 벌이고 있었다. 애널리스트인 그 직원은 입사 4년 만에 무려 연봉 1억 6천만 원을 받게 된 셈이다.

경쟁사들끼리의 경쟁이라는 행운이 그 직원과 함께하였다. 그가 처음부터 그런 행운을 내다본 것은 아닐 것이다. 입사 이후에 열심히 했고 하다보니까 그를 대신할 수 있는 전문가가 부족하였을 것이다. 대체할 수 있는 전문가가 부족하면 임금이 오를 수밖에 없다.

연봉은 업종의 성격에 따라 혹은 기업의 규모에 따라 크게 차이가 난다. 자신이 몸담고 있는 직장의 상사들을 보면 입사 이후 보수의 성장 곡선을 충분히 예상할 수 있다. 여러분은 이미 제조업과 금융업, 대기업과 중소기업 간의 임금 격차를 잘 알고 있을 것이다. 또한 경쟁사의 비슷한 직급의 직원이 받는 보수도 잘 알고 있을 것이다.

장기적으로 여러분이 받는 평균적인 보수는 몸담고 있는 기업의 생산성에 비례할 수밖에 없다. 여러분이 일하고 있는 기업의 생산성이 높거나 앞으로도 높아질 가능성이 높으면, 보수의 빠른 성장을 예상할 수 있다. 하지만 순수한 내수용 산업이거나, 경쟁이 아주 치열한 분야이거나, 납품이 중요한 사업 포트폴리오를 차지하고 있거나, 많은 경쟁사들 가운데 하나이거나, 진입장벽이 낮은 산업이거나, 공적 성격의 분야라면 보수의 급속한 성장을 기대할 수 없다.

그러나 이런 분야에서 일하고 있더라도 상위 1% 안에 속하는 사람이라면 몸값을 높여 이동할 수 있는 명품급 인재로 자신을 자리매김할 수 있다. 어느 분야에 있건 간에 대체 가능성이 아주 낮을 정도로 탁월함을 발휘하는 인재라면 상당 수준까지 보수를 높일 수 있다.

그렇다면 상위 1% 안에 들어가는 인재는 어떤 특성을 갖고 있을까? 그들은 돈을 쫓아서 직업을 선택한 사람들이 아닐 것이다. 의도적이건 아니건 간에 자신의 재능이나 강점과 직업 사이에 절묘한 매치를 이루어낸 사람들일 것이다. 시간이 갈수록 몸값이 많이 오르기를 기대하는 사람이라면 재능, 강점 그리고 직업 사이에 연결고리를 잘 만들어낼 수 있는 직업을 찾아야 한다. 처음에 어느 분야에서 일을 시작하건 간에 궁극적으로 그런 연결고리가 있는 분야에서 인생의 가장 귀한 시기를 보낼 수 있어야 한다.

보수를 많이 받는 방법

학교를 졸업한 이후 지난 20년 동안 참 숨 가쁘게 뛰어왔다. 그간 나는 국책연구소, 민간연구소, 민간연구소 소장, 사기업 사장, 내 사업으로 직장을 옮겨왔다. 처음부터 명확한 계획이 있었던 것은 아닌데 지금 와서 생각해 보면, 직업의 안정성이 떨어지는 방향을 향해 달려왔다. 급기야는 모든 선택과 결정에 대해 스스로 책임지는 '자기 사업'(own business)을 하는 자리에까지 오게 되었다.

지난 시절을 돌아보면 '세상에는 공짜가 없다'는 인생의 진실을 새삼 절감한다. 이를 풀어서 설명하면 자신이 받는 보수와 자신이 감당해야 하는 위험 사이에는 교환 관계가 있다는 말이다.

높은 보수와 리스크 사이에는 교환 관계가 있다. 이는 돈을 투자하는 것과 비슷하다. 직업도 '하이리스크-하이리턴'이다. 직업의 안정성을 바라면서도 높은 보수를 원한다면 이는 모순이다. 예외적으로 그런 경우도 있겠지만 대체로 가능한 일이 아니다.

공무원이나 공적 성격의 기관을 원하면 낮은 보수를 각오해야 한다. 물론 최근에 4천만 원대를 웃도는 공적기관이 많아져서 이런저런 말들이 많지만, 얼마 지나지 않아 초과분에 대한 제재가 가해질 것이다. 정권이 바뀔 때마다 나오는 민영화 논의가 결국 이런 움직임에 힘을 더할 것으로 본다.

보수를 많이 받는 최고의 방법은 오너가 되는 것이다. 무척 큰 위험을 안는 일이다. 오너가 되지 않더라도 마치 오너인 것처럼 살아가는 사람들이 있다. 전문지식으로 무장한 채 스스로 프리랜서처럼 살아가는 사람들이다. 마케팅 능력이나 디자인 능력 같은 특정 능력을 갖고 마치 자신이 오너라도 된 듯이 스스로를 거래의 주체로 삼아서 살아가는 소수의 사람들이 있다. 조직에 속하지 못한 채 마지못해 그런 위치에 서게 되는 사람들도 있다. 그들은 기업에 몸담고 있는 사람들에 비해 낮은 보수와 높은 노동 강도 때문에 괴로워한다. 이른바 프리랜서를 두고 하는 말이다.

《승자독식사회(Winner-Take All)》의 저자인 로버트 프랭크는 보수의 결정에 대해서 이런 이야기를 들려준다. 보수와 위험 사이의 상관관계를 잘 지적해준 내용이다.

"대기업의 피고용인들은 대개 연공서열, 학력, 직책 등 쉽게 측정 가능한 관료제적 인사관리 공식에 의해 결정된 연봉을 받는다. 이 경우 같은 등급에 속한 개인들의 급료 차이는 거의 없다. 개개인의 생산성 차이가 두드러진 경우에도 말이다. 이런 전통적인 제도 하에서 가장 생산성이 높은 피고용인은 가장 생산성이 낮은 피고용인을 보충해주는 역할밖에 하지 못한다. 그러나 피고용인의 신분을 버리고 독립계약자가 되면 가장 생산성이 높은 개인은 자신의 시장가치에 가까운 보수를 받게 된다."

이따금 탄탄대로를 달리던 실력 있는 중견 공무원이 외국계 회사나 국내 굴지의 기업으로 옮겨가는 경우가 있다. 스스로를 시장에 내놓는 선택을 하는 것이다. 그들은 직업의 안정성 대신에 보수를 선택한 것이다.

기업에서 걸출한 성과를 내고 있음에도 불구하고 보수가 생각만큼 높지 않다고 툴툴대는 사람들을 만날 때가 있다. 그런 사람들이라면 리스크와 보수 사이의 상관관계를 생각하고 자신의 앞날을 계획해 보라고 권하고 싶다. 다만 신중하게 생각해서 결정할 일이다. 보수가 높은 곳일수록 정글에 가깝기 때문이다. 그만큼 경쟁이 치열함을 뜻한다.

돈이 따라오게 하는 비결

"돈은 네 발 달린 짐승과 같아서 두 발 달린 사람이 아무리 쫓아가도 잡을 수 없다는 말이 있습니다. 돈 버는 데 집중하면 고객은 도망가고, 고객에게 정성을 다하면 돈은 뒤따라온다는 마인드를 갖는 게 신뢰 회복의 지름길입니다."

교보생명을 이끌고 있는 신창재 회장이 어느 인터뷰에서 털어놓은 '돈'에 대한 소회다. 돈을 보고 자꾸 쫓아가면 돈은 멀찌감치 달아나 버린다. 누군들 돈을 많이 벌고 싶지 않을까마는 돈 자체를 추구하다 보면 벌기가 참 어렵다. 가치 있는 일에 미쳐서 일정 시간 동안 몰입하고, 여기에 약간의 운이 더해지면 큰돈을 손에 쥐게 된다.

돈을 버는 방법은 정말 다양하다. 대개는 학교를 졸업하고 직장에서 월급을 받는 데서부터 돈을 모으기 시작한다. 그런데 적은 돈으로 지나치게 재테크에 시간과 에너지를 퍼붓는 것이 과연 올바른 행동일까? 나는 그렇게 생각하지 않는다. 그렇다고 해서 완전히 그 분야에 담을 쌓을 필요는 없지만 젊은 날에 재테크에 대한 관심은 아무래도 본업에 비해서 부업이 되어야 한다고 생각한다. 관련 정보를 모으고 책을 읽고 강연을 듣는 정도가 적당하다고 본다. 본업에 지장은 주지 않아야 한다는 말이다.

재테크보다는 돈을 만들어내는 능력을 기르는 데 더 많은 노력을 하라고 권하고 싶다. 스스로를 하나의 기업이라고 생각하고 자신이 부가가치를 창출하는 능력을 최대한 끌어올리도록 해야 한다. 여기에는 나름의 정교한 작전이 있어야 한다. 우선은 무지막지할 정도로 노력하는 기간이 필요하고, 자신이 갖고 있는 능력이 세월이 가면 갈수록 더욱더 시장에서 인기를 끄는 일이 되어야 하며, 남들과 뚜렷하게 차별화할 수 있어야 하고, 고객들에게 가치를 확실히 제공할 수 있어야 한다.

오랫동안 한 조직에서 승진의 트랙을 따라서 올라갈 것인지 아니면 일정한 시간이 지난 다음 결정적인 순간에 전직을 통해서 몸값을 한 번 정도 현실화할 것인지는 본인이 스스로 결정해야 한다. 내 경험이 정답일 수는 없지만 나는 10여 년 정도 근속한 이후 전직이라는 결단을 내렸다. 어떤 선택이든지 간에 장단점이 있고 위험이 따르기 때문에 스스로 현명하게 결정할 일이다.

근로소득만으로 큰돈을 만지기는 쉽지 않다. 여기서 투자와 재테크의 중요성이 등장하게 된다. 젊은 날부터 본업이 되어선 곤란하지만 다른 사람들은 부를 어떻게 불려가는지, 자신에게 맞는 재테크 방법은 무엇인지 책을 찾아 읽고 이따금 발품도 팔면서 기초 작업을 꾸준하게 진행시켜나갈 필요가 있다. 재테크 역시 어느 날 갑자기 시작할 수 있는 것이 아니기 때문이다.

두 단계 모두에서 성과를 거둘 때 큰돈을 벌 수 있다고 본다. 하나는 스스로 몸값을 올려서 번듯할 정도로 현금을 만들어내는 능력이고, 다른 하나는 현금 흐름을 이용해서 투자에 성공하는 방법이다. 거듭 강조해두고 싶은 점은 앞의 단계가 있어야 뒤의 단계가 가능하다는 점이다. 예외적인 경우를 제외하면 뒤의 단계부터 성공하는 경우는 드물다. 이런 점에서 오랜 투자 경험에다 인생의 연륜을 더한 강창희 미래에셋투자연구소장의 이야기를 깊이 새겨야 한다.

"젊을 때부터 노후를 대비하는 투자를 시작해야 합니다. 하지만 20~30대는 자산운영보다 자신의 역량을 키우고 가치를 높이는 데 전념해야 하는 시기입니다. 투자는 본업으로 벌어들인 재산을 효과적으로 관리하는 수단일 뿐 돈 버는 수단이 아닙니다."

많은 사람들이 돈을 버는 '손쉬운 방법 찾기'에 골몰합니다.
땀과 노력보다는 '기법'에 주의를 기울이죠.
이것은 나무를 심지 않으면서
과일을 기대하는 것과 같은 이치입니다.
나무를 심으려면 먼저 땅부터 파야 합니다.
삽을 쥐고 기꺼이 땀을 흘려야 합니다.

- 탄줘잉 편저, 《살아 있는 동안 꼭 해야 할 49가지》

돈 잘 쓰는 습관

《죄와 벌》,《까라마조프 씨네 형제들》 같은 위대한 작품을 쓴 러시아의 대문호 도스또예프스키. 그의 작품에는 유독 돈과 관련된 사건이나 인물이 많이 등장한다. 그의 작품 중 아무거나 집어 들고 몇 쪽을 읽어보라. 틀림없이 돈에 대한 집착과 돈에 대한 노골적이고 구체적이고 생생한 묘사가 등장할 것이다.

후세 사람들은 그의 방대한 작품에 경외감을 갖지만 살아생전의 도스또예프스키는 비가 오나 눈이 오나 기쁠 때나 슬플 때나 원고지를 메웠다. 그는 꽤 많은 돈을 벌었음에도 불구하고 낭비벽 때문에 빚이 눈덩이처럼 불어났다. 소설만으로는 부채를 청산하기 어렵다고 판단해 한방에 빚을 청산하기 위해 도박에까지 손을 대기도 하였다. 인생의 후반기에 만난 속기사 출신 안나의 도움으로 빚을 모두 청산할 수 있었지만 빚 없이 자유롭게 보낸 시간은 불과 2년에 지나지 않았다. 그는 우리들에게 "돈은 주조된 자유다!(Money is coined liberty!)"라는 멋진 경구를 남겼다.

우리가 사는 자본주의는 인간의 욕망을 끊임없이 부추기고 이를 통해서 수요를 만들어내는 체제이다. 지금 당장 갖고 싶은 것을 소유하고 욕망을 충족시키라고 끊임없이 권하는 체제가 바로 자본주의다. 지금 지불 능력을 갖고 있지 않다면 빌려서라도 옷을 사고, 차를 사고, 집을 사라고 유혹하는 세상이 자본주의다. 은행과 카드사들은 끊임없이 대출상품을 홍보한다. 한마디로 고도 자본주의 사회는 '빚 권하는 사회' 라고 말할 수 있다.

경제적 자유는 돈의 주인이 되는 것을 뜻한다. '빚을 얻어서라도 원하는 것은 지금 당장 가져야 한다!' 는 통념에서 자신을 보호할 수 있어야 한다. 한마디로 빌린 돈으로 소비하는 데 대해서 나름의 줏대를 갖는 것이다. 사회적인 체면이나 빚에 대한 통념을 거부하는 것이야말로 경제적 자유로 가는 첫걸음이다.

매일 별 생각 없이 지출하는 작은 돈에 대해서도 점검해보라. 작은 돈이 차곡차곡 쌓여 복리로 계산된다면 어떤 힘을 발휘할지도 생각해보라. 월급을 받는다면 투자를 위한 종자돈을 빠른 시간 내에 마련하는 것 또한 경제적 자유로 가는 지름길을 마련해준다.

끝으로 스스로 돈을 만들어낼 수 있는 능력을 업그레이드하는 데 최선을 다하라. 여러분의 가슴과 머리가 바로 기업임을 명심하고 갈고 닦아라.

돈 빌려줄 때 받을 생각은 하지 말라

"처남에게 100달러를 빌려주면 두 번 다시 그를 볼 일이 없어진다."

친한 사람 사이에 돈을 빌려주고 받는 일에 대한 중요한 교훈을 알려주는 미국 속담이다. 돈을 빌려주고 난 다음 친한 사람들 사이에 미묘한 감정 변화가 생기는 경험을 한 적이 있을 것이다. 돈 거래가 갖는 독특한 관계 변화를 잘 이해해두지 않으면, 돈도 잃고 사람도 잃게 된다.

친한 사이에 돈 거래를 할 때 돈을 빌려준 사람은 별다른 감정 변화를 느끼지 못한다. 하지만 빌려주는 측이 아무리 잘하려고 노력해도 빌리는 쪽에서 반드시 문제가 생긴다. 돈을 빌린 사람은 약간의 수치심, 죄책감, 부담감을 느끼게 된다. 때문에 아무리 친한 사이라 하더라도 일단 금전 거래가 개입되면 인간관계가 질적으로 변할 수밖에 없다. 직접 이런 경험을 해보지 못한 사람은 꼭 그럴까 하고 고개를 갸웃거릴지도 모르겠다. 내 경험에 의하면 예외 없이 관계가 안 좋아진다. 이를 두고 오랫동안 재정문제를 상담해온 전문가이자 미국 CBS 방송의 '데이브 램지 쇼'를 진행하는 데이브 램지 씨는 자신의 경험을 이렇게 털어놓는다.

"친밀한 관계에서 돈을 거래하게 되면 친구 사이, 부모와 자식 사이, 삼촌과 조카 사이가 아니라 '주인과 종' 사이가 돼 버린다. 지나친 과장이라고 생각하겠지만, 어쩔 수 없는 사실이다. 일단 친척 간에 돈 거래를 한 후 저녁식사를 함께하면 그 전과 다를 것이다. '상전'과 함께하는 식사는 가족과 함께하는 식사와 다를 수밖에 없기 때문이다."

그렇다고 친한 친구가 돈이 절실하게 필요한 상황에 처해 있는데 완전히 모른 체하고 넘어갈 수는 없는 일이다. 그런 난처한 상황에서 선택할 수 있는 길은 분명하고 단호하다. 설령 돈을 잃어버릴지라도 친구를 잃어버리는 선택을 하면 안 된다. 그러니까 돈을 '빌려주면' 안 된다는 말이다. 친구를 돕고 싶으면 형편이 허락하는 한도 내에서 얼마 정도를 떼어 그냥 주어야 한다. 돈의 액수는 재정적으로나 심리적으로 큰 부담을 느끼지 않을 수준이어야 한다. 너무 무리하게 되면 두고두고 내 마음이 불편하고, 친구가 껄끄러워질 수 있다. 돈을 줄 때는 "어려움을 덜어주기 위해서 내가 돈을 주는 것"이라는 점을 자신이나 친구에게 분명히 해두는 게 좋다.

절대 빠져서는
안 되는 유혹 2

"IMF 때 50억 정도 부도를 맞았지만 돈을 꽤 갖고 있었지요. 그래서 이곳 사북에 다 호텔이나 하나 지을까 해서 내려온 겁니다. 몇 번 답사를 하고 집으로 올라가려고 했지요. 운명이란 것이 참 묘하더군요. 눈이 얼마나 많이 왔는지 차를 찾을 수 없었어요. 그래서 이곳에 갇혀 그냥 재미삼아서 한 것이 5천만 원 정도를 카지노에서 잃었어요. 그걸 되찾으려고 주식, 집, 부동산 등을 모두 날려버렸어요. 우리 아이들 어느 것 하나 부족한 것 없이 컸는데, 결국 이혼하고 집안은 풍비박산이 나고 말았어요. 여기 내려와서 생활한 지 5년이나 되었어요. 막내가 대학 들어갔다는 소식을 듣고 깜짝 놀랐어요. 만날 앙앙대던 놈이 대학을 간다니. 예전에는 우리 아빠가 최고지 했는데, 지금은 노름꾼이 돼서. 기가 막힌 얘기지요."

우연히 카지노에 발을 디딘 끝에 모든 것을 잃어버린 48세 남자의 이야기를 옮겨보았다. 《베팅하는 한국사회》를 집필한 김세건 교수에 의하면 강원랜드를 출입하는 사람들 대부분은 처음부터 목적을 갖고 그곳에 온 게 아니라 우연히 들렀다고 한다. 돈을 따기 위해서(12.8%)보다는 단순 호기심(53.1%)이나 오락 목적(29.1%)

으로 들렀다가 코가 꿴 것이다.

자식을 키우면서 아이들에게 가장 주의를 주고 싶은 것이 도박이다. 누구든 처음부터 도박에 빠지려고 해서 빠지는 것은 아니다. 그냥 재미삼아서 시작한 것이 훗날 치명적인 중독으로 발전하게 된다.

이제 마음만 먹으면 언제든 도박을 즐길 수 있는 사회가 되었다. 수요일과 목요일은 경정장에서, 금토일은 경륜장에서, 토일은 경마장에서 보낼 수 있다. 여유가 되면 바람을 쐴 겸해서 사북읍에 있는 강원랜드를 찾을 수도 있고 이동하기가 귀찮으면 지금 당장이라도 거리에 즐비한 성인오락실을 찾을 수 있다. 그것도 귀찮으면 인터넷의 사행 사이트를 찾으면 된다. 이제 우리 사회는 '노름 권하는 사회'가 되었다.

아마도 이러한 추세를 역전시킬 수는 없을 것이다. 지방자치단체나 국가가 세수를 증대시킬 목적으로 사행산업의 파괴적인 영향에는 아랑곳없이 다양한 사행산업을 끌어오는 데 열심이기 때문이다.

우리가 살아가는 자본주의 체제는 때로 대단히 비정한 면이 있다. 한 인간이 자신을 보호하지 못하면 처절하게 망가질 때까지 이용하도록 허용하고 있기 때문이다. 도박 중독은 개인적인 질병일 뿐만 아니라 사회적인 병리 현상이다.

우리 아버지는 어린 시절부터 나에게 잡기를 가까이하지 못하도록 했다. 젊은 날부터 한가하게 잡기를 하면서 시간을 보내는 것이 바람직하지 않다는 판단 때문이었다. 지금 생각해보면 아버지의 판단이 옳았다는 생각이 든다. 잡기를 지나치게 가까이하는 사람들이 치르는 비용을 보면 그런 생각이 든다.

오래 전의 일이다. 한 지인이 경마장에 초청한 적이 있다. 자기 말을 보여주기 위해서였다. 그때 함께 생활하던 장인어른이 "절대 가선 안 된다"고 말씀하셨다. 아이들이 어릴 때라서 아이들에게 새로운 경험을 시킬 겸해서 기대를 가졌는데 하도 반대가 심해서 그냥 포기하고 말았다. 장인의 깊은 뜻을 알아차리는 데 퍽 시간이 걸렸다.

굳이 그렇게까지 할 필요가 있는가라고 묻는 이들도 있을 것이다. 그러나 도박에 노출될 수 있는 가능성을 최대한 줄여야 한다. 도박 권하는 사회에서 스스로를 잘 보호하기 바란다. 어느 누구도 여러분을 대신해줄 수 없음을 깊이 명심하기 바란다.

절대 이성 보는 눈을 낮추지 말라

"어디 계산을 한번 해보자. 사람이 최소 90년 정도를 산다고 가정해보자. 아냐, 너희들은 100년 정도 살겠지. 부모 슬하에서 지내는 기간이라고 해야 고작 25년 정도지. 그런데 25년 가운데 자기 생각을 갖고 지내는 시기라고 해야 10년에서 15년에 지나지 않아. 그렇다면 부모와 함께하는 시기의 최소 3배에서 4배 정도를 아내라는 존재와 함께 살아가야 해. 그냥 감정에 이끌려서만 배우자를 결정할 수 있는 일은 아니지."

언젠가 아이들에게 배우자를 고르는 일의 중요성을 두고 했던 말이다. 삶에서 우리가 해야 하는 선택 가운데 중요한 것을 몇 가지 들라면 배우자를 고르는 일이 첫째나 둘째에 해당하지 않을까 싶다. 이성 친구를 사귀는 거야 본인이 알아서 결정하면 되는 일이다. 하지만 인생의 동반자를 결정하는 일은 정말 중요하고 어려운 일이다. 그런데 그런 중차대한 결정을 내리는 시점이 한 인간으로서 경험도 부족하고 지혜도 부족한 20대의 끝자락에서 30대 초반이다. 부부 동반 모임에 참석해보면 '어떻게 저런 배우자를 선택하였을까' 라는 의구심이 드는 경우도 있다. 현재를 기준으로 보면 그런 판단을 내릴 수 있지만, 20대 중후반부터 30대 초반의 젊은 날을 생각해 보면 얼마든지 가능한 일이다.

IBM 창업자인 토마스 왓슨의 전기를 보면 흥미로운 대목이 등장한다. 토마스 왓슨은 성공한 사람들이 젊은 시절 장래에 대해 깊이 생각해 보지도 않고 서둘러 결혼했다가 아내가 남편의 출세에 보조를 맞춰 따라가지 못해서 불협화음이 발생하는 경우를 목격하게 된다. 또한 결혼생활에 만족하지 못하고 급기야는 이혼하는 부부를 자주 보면서 시간을 두고 '평생을 함께할 진정한 반려자'를 구하려고 노력하는 과정이 나온다. 훗날 아들인 토마스 왓슨 주니어는 이렇게 말한다. "아버지는 IBM 사원들과의 대화 시간에 저넷 키트리지를 아내가 되도록 설득한 것이야말로 평생을 통틀어 가장 성공적인 세일즈였다는 농담을 즐겨하곤 했다."

배우자는 가장 긴 시간을 함께 보내는 파트너이다. 게다가 두 사람의 결혼을 통해서 갖게 되는 아이들을 생각하면 좋은 파트너를 선택하는 것은 그야말로 일생일대의 중대한 결정이라 할 수 있다. 언젠가 어느 잡지사에서 나에게 "당신 인생 최대의 수확물이 무엇인가?"라는 다소 도발적인 질문을 던진 적이 있다. 나는 이것저것 생각할 겨를도 없이 단 한마디로 "아이들을 반듯하게 키운 것이다"라고 대답했다. 아이들은 결국 두 사람의 합작품이다. 그렇다면 아내나 남편을 구하는 일은 한 인간의 성공과 실패뿐만 아니라 행복과 불행에 결정적인 요소라고 할 수 있다.

요즘 주변을 둘러보면 이혼하는 부부가 많다. 이혼까지 가지 않더라도 마치 남남처럼 냉랭하게 사는 부부도 드물지 않다. 아무리 많은 성취를 하더라도 집안 분위기가 썰렁하면 인생에서 중요한 부분을 놓치고 있는 게 아닐까.

배우자를 고를 때 어떤 기준을 가장 중요하게 여겨야 하는가? 이런 질문에 나는 같은 꿈을 향해 함께 나아갈 수 있는가라는 부분을 강조하고 싶다.

우리 부부는 6년의 연애 끝에 결혼했다. 여유가 전혀 없는 상태여서 서울 외곽지역에서 단촐하게 신혼살림을 시작했다. 하나하나 벽돌을 쌓아올리듯 우리는 인생의 집을 지어왔다. 언젠가 아내가 "부부란 무엇일까?" 하고 묻기에 나는 "서로가 최고의 삶을 살 수 있도록 지켜봐주고 도와주는 사람들"이라고 대답했다.

빈손으로 시작했지만 이제는 어느 정도 안정을 찾았다고 할 수 있다. 우리 부부는 누구의 도움도 받지 않고 일어섰다는 데 대해 큰 자긍심을 갖고 있다. 무엇보다 아이들이 열심히 산 어머니와 아버지의 삶을 존경스럽게 생각하고 있다는 점이 무척 기쁘다. 함께 꿈을 가꾸고 어려움을 극복한 때문일까. 우리 부부는 신혼 시절 이상으로 즐겁고 유쾌하게 지내고 있다.

여유가 있는 상태에서 출발하면 좋겠지만 물질은 우선순위가 아니다. 사람 됨됨이가 가장 중요하다. 두 눈을 크게 뜨고 보기 바란다. 작은 것에 사로잡혀 잘못된 결정을 내리지 않도록 주의해야 한다.

이상형을 골라도
실패하는 이유

아내와 함께 '댄 인 러브(Dan in real life)' 라는 영화를 본 적이 있다. 아내를 병으로 잃고 극성맞은 딸 셋을 키우는 남자가 사랑에 빠지는 이야기를 그린 영화였다. 남자 혼자서 딸 셋을 키우는 일은 정말 어렵다. 큰딸은 혼자 운전하겠다고 왕왕 거린다. 둘째 딸은 사랑에 빠졌다고 아버지를 압박한다. 막내딸은 아빠에게 이따금 훈계조의 잔소리를 잔뜩 늘어놓는다. 나는 영화를 보면서 연신 "아, 저 사람 정말 힘들겠다."라고 말했다. 그러자 아내는 "당신은 남자 입장에서만 영화를 보네요."라고 대꾸했다. 아내 말대로 나는 중년 상처를 겪은 남자의 삶에 안타까움을 느끼면서 영화를 보았다.

고등학교 다니는 둘째 딸이 남자친구와 헤어지지 못하겠다고 야단법석을 떠는 동안 아버지는 딸의 남자친구를 강제로 차에 태워 떠나보낸다. 남자친구가 떠나면서 그에게 한마디 툭 던진다. "사랑은 감정이 아니에요. 사랑은 능력이지요 (Love is not a feeling. Love is the ability)." 간단한 문장이 확 가슴에 와 닿았다.

'음, 능력이라….' 그 순간 젊은 날 연애하던 시절이 떠올랐다. 결혼 전에 오랜 기간 연애를 한 탓에 나는 사랑하는 사람들 사이에 지켜야 할 몇 가지 원칙을 분명히 갖고 있다. 지금도 그 원칙은 크게 변함이 없다.

우선 상대를 변화시키려는 욕심을 버리는 게 가장 중요하다. 사람은 저마다 다르다. 취향도 다르고 습관도 다르고 말투도 다르다. 상대를 내가 옳다고 판단하는 쪽으로 변화시키려고 하면 갈등이 생기기 시작한다. 사실 사람이 변한다는 건 쉬운 일이 아니다. 가만히 생각해보면 나 자신을 변화시키는 일도 무척이나 어렵다. '저 사람은 저렇구나.' 하고 인정해주지 못하고 '저 사람은 왜 저럴까? 어떻게 하면 저 습관을 바꿀 수 있을까?' 라고 생각하면 나도 힘들어지고 상대도 힘들어진다.

한 여성이 있다. 결혼할 생각이 별로 없었으나 서른 즈음에 아버지가 돌아가시자 그 충격 때문이었는지 주변에 있던 남자와 그냥 결혼을 했다. 남자는 같이 살아보니 무척이나 게으르고 나태한 사람이었다. 그 여성은 자기 성장을 위해 부단히 노력하는 타입이었다. 남편은 일이 끝나면 동료들과 2차, 3차를 옮겨 다니며 술을 마셔댔다. 그리고 아침이면 일어나지도 못하고 힘들어했다. 게다가 슬쩍슬쩍 다른 여자에게 한눈도 파는 눈치였다.

그녀는 남편이 한심하고 유치해서 봐줄 수가 없었다. 얼굴도 똑바로 쳐다보기 싫을 정도로 미웠다. 급기야 그녀는 이혼을 결심했다. 그리고 차분히 지난 세월을 정리하고 새로운 삶을 계획했다. 그러던 중 갑자기 깨달음 같은 게 찾아왔다. 그 날부터 그녀는 남편을 '새로 만나 사랑하게 된 남자'처럼 대하기 시작했다. 술 먹고 늦게 들어오는 남편을 웃으면서 반갑게 맞아주고, 주절주절 늘어놓는 이야기를 귀 기울여 들어주었다. 그리고 남편에게 이러저러하면 좋겠다고 요구하지도 않았다. 남편의 삶인데 '그동안 내가 주제넘게 간섭하려고 했구나.' 하며 깊이 반성했다. 그러자 부부 관계가 달라지기 시작했다. 무엇보다 그녀의 마음이 편해졌다. 놀랍게도 남편도 달라지기 시작했다.

지인에게 들은 이야기를 옮겨보았다. 그 부부는 지금 세상 사람들이 다 부러워할 정도로 다정하게 살고 있다. 어느 커플이나 마찬가지다. 상대를 변화시키려고 하면 관계가 악화되지만, 상대를 있는 그대로 인정해주면 언제까지나 좋은 관계를 유지할 수 있다.

또 한 가지, 상대방에게 덕을 보려고 해서는 안 된다. 상대가 가진 것에 무임승차하려는 욕심으로 상대를 선택하면 나중에 꼭 후회할 일이 생긴다. 법륜 스님이 어느 결혼식에서 들려준 감동적인 주례사가 있다. 첨예한 자본주의 사회에서 사랑과 결혼마저 거래로 여기는 우리들의 치졸함에 경종을 울리는 글이다. 여러분들과 함께 나누고 싶어 일부를 옮겨 적는다.

"저 사람이 돈은 얼마나 있나, 학벌은 어떤가, 지위는 어떤가, 성질은 어떤가, 건강은 어떤가, 이렇게 다 따져 가지고 이리저리 고르는 이유는 덕 좀 볼까 하는 마음입니다. 손해 볼 마음이 눈곱만큼도 없습니다. 그래서 덕 볼 수 있는 것을 고르고 또 고릅니다. 이렇게 고른다는 것은 덕 보겠다는 마음 때문입니다.

그러니 아내는 남편에게 덕 보자고 하고, 남편은 아내에게 덕 보겠다는 이 마음이, 살다가 보면 다툼의 원인이 됩니다. 아내는 30퍼센트 주고 70퍼센트 덕 보자고 하고, 남편도 자기가 한 30퍼센트 주고 70퍼센트 덕 보려고 하니, 둘이 같이 살면서 70퍼센트를 받으려고 하는데, 실제로는 30퍼센트밖에 못 받으니까 살다보면 결혼을 괜히 했나, 속았나 하는 생각을 십중팔구 하게 됩니다.

속은 건 아닌가, 손해 봤구나 하는 생각이 드니까 괜히 했다, 이런 생각이 듭니다.

그런데 이 덕 보려는 마음이 없으면 어떨까? 좀 적으면 어떨까요? 아이고, 내가 저분을 좀 도와줘야지, 저분 건강이 안 좋으니까 내가 평생 보살펴줘야겠다, 저분 경제가 어려우니 내가 뒷바라지해줘야겠다, 저분 성격이 저렇게 괄괄하니까 내가 껴안아서 편안하게 해줘야겠다….

이렇게 베풀어줘야겠다는 마음으로 결혼을 하면 길 가는 사람 아무하고 결혼해도 별 문제가 없습니다. 그런데 덕 보겠다는 생각으로 고르면 백 명 중에 고르고 골라도, 막상 고르고 보면 제일 엉뚱한 걸 고른 것이 됩니다."

최고의 상대, 완벽한 결혼에 대한 환상을 버리자.
100점에 대한 기대에서 자유로워져야 비로소
진실한 사랑이 시작된다. 100점짜리 배우자는 없다.
100점을 기대하고 만나 1점, 2점 깎아내리는 것보다는
50점 정도에서 소박하게 출발해서
만남을 거듭하며 좋은 점을 발견하여
1점, 2점 더해가는 것이 같은 결과라도 훨씬 행복하다.

- 이웅진,《화려한 싱글은 없다 - 두 번째 이야기》

육아와 직업의 기로에 설 때

도리스 컨즈는 존슨 미국 대통령의 임기 말 보좌관으로 활동한 여성이다. 당시 그녀의 나이 불과 24세에 지나지 않았다. 그녀는 존슨 대통령이 대통령직에서 물러나 텍사스 주의 존슨 목장으로 은퇴한 이후 4년 동안 주말과 휴일을 함께 보내면서 자서전을 집필하기도 하였다. 그는 권력에서 물러난 정치가의 말년을 보면서 자신의 인생에서 무엇이 중요하고, 무엇이 중요하지 않은지를 깨우칠 수 있는 소중한 기회를 갖게 된다.

존슨은 목장으로 은퇴한 이후에도 삶의 방식에 변화를 꾀하지 않았다. 영화, 독서, 가족 등에는 별로 관심이 없고 정치가로서 활동하던 시절의 삶의 방식을 고스란히 고집하게 된다. 도리스 컨즈는 존슨 대통령의 은퇴 생활을 보면서 '삶에서 일이란 과연 무엇인가?'라는 의문을 갖게 된다. 이때 만난 사람이 바로 하버드 대학 심리학자인 에릭 에릭슨이다. 그의 주장을 요약하면 다음과 같다.

"가장 풍요로운 삶은 일과 유희, 사랑이 똑같은 비율로 내적 균형을 이룰 때 얻어진다. 한 가지를 추구하기 위해 나머지를 희생하다 보면 노년에 불행해진다."

그런 이야기를 들었을 때만 해도 그녀는 젊었고 그 어떤 것보다 일에 대한 욕심이 컸다. 그러나 일에 지나치게 몰두해서 인생의 마지막 순간까지 손주, 손녀, 자식들과 함께하는 생활에서 느끼는 소소한 행복을 몰랐던 존슨 대통령이 갑자기 심장마비로 죽는 모습을 목격하게 된다.

이후 그녀는 결혼을 하고 15개월 간격으로 두 명의 아이를 낳는다. 당시에 그녀가 내린 결정은 젊은 날 가졌던 가치관이나 인생관에 비추어보면 있을 수 없는 일이었다. 그녀는 가르치는 일, 글 쓰는 일, 아이를 제대로 기르는 일을 동시에 모두 다 잘할 수 없다는 판단을 내리고 오랫동안 공을 들여온 하버드 대학교 교수직을 과감하게 그만두게 된다. 그리고 글쓰기 좋은 환경으로 집을 꾸미고 새로운 출발을 하게 된다. 하지만 아이를 키우면서 제대로 글쓰기를 할 수 없었다. 그녀가 아이를 낳고 새로운 책을 세상에 선보이는 데는 무려 10년이란 세월이 흘렀다. 그녀는 우연히 칵테일 파티에서 "도리스 컨즈한테 무슨 일이 생긴 게 맞아, 안 그래?"라고 궁금해 하는 사람들의 말을 듣기도 한다. 《나를 바꾼 그때 그 한마디》에서 그녀는 이렇게 말한다.

"나는 내 선택에 확신이 있었다. 세상 사람들에게 내 책이 언제 나오느냐는 그다지 중요한 문제가 아니지만 내 아이들에게 엄마가 항상 가까이 있었다는 사실은 매우 중요한 일이기 때문이었다. 결국 인생의 목표는 오직 일 하나만의 완성이어서는 안 된다. 그보다는 인생 자체의 완성이어야 한다."

일은 물론 중요하다. 그러나 그것이 전부일 수는 없다. 아이들이 커버린 다음에 그리고 세월이 상당히 흘러가버린 다음에 이를 깨우치는 사람들이 많다. 쉬운 일은 아니지만 삶에서 가능한 균형을 유지하기 위해 최선을 다해야 한다. 그리고 아이들과 함께 있어 주어야 할 시점이라면, 어떻게 해야 하나를 깊이 생각해야 한다. 다만 정답은 없다.

사랑할 때는 미친 듯이 사랑하라.
노래할 때는 미친 듯이 노래하라.
춤출 때는 미친 듯이 추라.
이것이 계산적이고 논리적인 것보다
훨씬 나으며, 악몽에 시달리는 것보다 훨씬 더 낫다.
균형을 잃었다고 생각될 때에는 반대쪽으로
몸을 기울이라. 다시 균형을 회복하라.
이것이 앞으로 나아가는 방법이다.

- 오쇼 라즈니쉬, 《라즈니쉬의 명상건강》

이별에 대처하는 법

"어쩌다 생각이 나겠지 냉정한 사람이지만 그렇게 사랑했던 기억을 잊을 수는 없을 거야. 때로는 보고파지겠지 둥근 달을 쳐다보면…"

남녀 간의 사랑과 이별의 감정을 묘사한 대중가요 가운데 패티 김의 '이별' 만한 것이 있을까. 과거에 비해서 쉽게 만나고 쉽게 헤어지는 시대가 되었다고 하지만 사랑하는 사람과의 이별이란 늘 아픔이 함께한다. 애틋한 추억은 잊혀질 만하면 다시 생각이 나고 또다시 생각이 난다. 마치 상처가 덧나듯이 말이다.

이별에 대처하는 아주 특별한 비법은 없다. 시간이 약이다. 자신에게 주어진 일을 해결하기 위해서 분주하게 이리저리 뛰어다니다 보면 서서히 기억은 엷어지게 된다. 다만 그 시간을 단축할 수 있는 몇 가지 방법을 사용하면 도움이 될 것이다.

정신없이 두 사람이 사랑하다가 막상 그 관계가 깨지고 나면 '내가 그동안 다른 친구들과의 관계를 지나치게 소홀히 하였구나' 라는 사실을 깨우치게 된다. 시간과 에너지는 정해져 있는데 사랑하는 사람과의 관계에 지나치게 퍼붓다보니 자연히 다른 사람들과의 관계는 소홀히 하였을 것이다. 그런 관계를 다시 복원하도록 해야 한다.

한편 자신의 처지를 다른 사람과 비교해보는 일도 도움이 된다. 더 어려운 이별의 상황에 처한 경우도 많다. 남편과 사별하고 어린 아이들과 함께 생계를 꾸려가야 하는 미망인들은 아이가 없는 젊은 사람들의 이별과는 비교할 수가 없다. 더 힘든 상황에서 이별을 맞은 타인의 이야기를 찾아서 읽어보라. 더 가슴 아프고 안타까운 이야기를 읽다보면 내가 가진 것이 얼마나 많은지, 고마워해야 할 게 얼마나 많은지 알게 된다.

친구나 동료들에게 한두 번 정도는 징징거리고 신세한탄을 할 수 있다. 그러나 이런 시간도 너무 지나치지 않도록 해야 한다. 누군가를 오래 사귀다가 이별하게 된 사람에게 내가 해주고 싶은 조언은 간단명료하다.

"세상의 모든 것은 변화한다. 하지만 결국 당신 자신만은 영원히 당신과 함께한다."

행운에 취하지 말고
불운에 기죽지 말라

컬럼니스트 조용헌 씨는 "인생에서 3가지 피해야 되는 것이 있는데 소년등과(少年登科), 장년상처(壯年喪妻), 말년궁핍(末年窮乏)이다."라고 말한다. 여기서 소년등과는 어린 나이에 과거에 합격해서 주변의 부러움을 사는 것을 두고 하는 말이다. 어떤 이는 여기에 청년정치(靑年政治)라는 말을 더해서 인생에서 피해야 할 4가지라고 정리한다. 한창 실력을 쌓고 인생의 토대를 마련해야 할 20대에 정치판에 뛰어드는 것을 경계하는 말이다.

소년등과와 청년정치 두 가지 모두 20대와 30대에 해당하는 이야기이다. 회사에서 아주 잘나간다고 하더라도 스스로를 제어할 수 있어야 한다. 젊은 날에는 자신이 이룬 성취를 지나치게 높게 평가하는 경향이 있고, 몇 번의 성취에 대해 칭찬이 쏟아지면 자신에 대한 통제력을 잃는 경우도 많다. 세월이 가고 세상의 문리를 깨우칠 나이가 되면 인생에서도 과속이란 것이 얼마나 위험한지를 깨우치게 된다. 그렇다고 해서 성취하는 일을 멈추라는 이야기는 아니다. 지나치게 우쭐대면서 안하무인격으로 행동하거나 몇 번의 성취에 취해서 직장을 쉽게 옮기는 등 가볍게 처신해서는 안 된다는 말이다.

언젠가 힐러리 상원의원이 어린 시절 아버지에게 배운 교훈을 회상하는 장면을 인상 깊게 읽은 적이 있다. 어린 시절 시험점수를 잘 받아서 우쭐한 기분으로 아버지에게 성적표를 보여주면 아버지는 늘 "음, 아무래도 너희 학교 아이들의 공부 수준이 좀 처지는 모양이구나"라는 말로 힐러리가 자만하지 않도록 주의를 주었다. 힐러리는 "너 자신을 지나치게 높이 평가하지도 말며 하찮게 여기지도 말라"는 아버지의 교훈이 훗날 찬사와 비난이 교차하는 정치 현장에서 중심을 지킬 수 있도록 도와주었다고 말한다.

누구나 다부지게 일하고 성취지향적인 삶을 살다 보면 굴곡이 있게 마련이다. 성취를 이루면 주변 사람들의 찬사가 답지하고 실패하면 비난이 쏟아지는 것이 삶의 현장이다. 그런데 늘 잘나갈 수만은 없지 않은가? 주변의 반응에 지나치게 일희일비하지 않고 자신의 길을 겸손하고 우직하게 갈 수 있어야 마지막에 큰 승자가 될 수 있다.

아무리 좋은 일에도
나쁜 일 한 가지가 따라오고
아무리 나쁜 일에도
좋은 일 한 가지가 따라오니까

- 김흥숙, 《그대를 부르면 언제나 목이 마르고》

반드시 알아야 할 여행의 법칙

1978년 노벨경제학상을 수상한 허버트 사이먼이란 학자가 있다. 인공지능 창시자로서 뿐만 아니라 경제학과 의사결정학 등 다양한 분야에 큰 업적을 남긴 인물이다. 그는 2003년 12월 하버드 비즈니스리뷰(HBR)가 선정한 '대가들이 뽑은 대가' 중에서 1위인 피터 드러커 교수, 2위인 네임스 마치 교수에 이어 3위에 오를 정도로 쟁쟁한 대학자였다.

그는 자서전인 《내 인생의 모델들》에서 대단히 논쟁적인 '여행법칙'을 제시한다. "일반적인 미국 성인이 해외여행(1년 이하의 여행)에서 배울 수 있는 것들은 샌디에이고 공공도서관을 통해 더욱 빠르고 저렴하면서 쉽게 얻을 수 있다."

그는 이 법칙을 1960년대 해외여행 실태 조사 업무를 수행하면서 만들게 되었다고 말한다. 1960년대는 많은 미국인들이 해외여행을 즐길 때였으므로 격렬한 논쟁을 불러일으켰음은 물론이다. 사이먼 교수에 대한 비난이 대세였다. 대중의 반응에 대해 사이먼 교수는 이렇게 반응한다. "사람들은 나의 여행법칙에 거세게

항의한다. 나는 그것이 여행의 즐거움과는 관련이 없고, 학습의 효율성 측면을 감안한 것이라고 설명했다."

견문과 안목, 시야를 넓히자! 그런 목적으로 특정 지역에 대한 여행을 생각한다면 사이먼 교수의 여행법칙을 한번 정도 깊이 새길 필요가 있다. 하지만 색다른 재미와 경험 그리고 좋은 추억을 위해 가는 여행이라면 대찬성이다. 견학을 위해서 가는 여행이라면 사이먼 교수의 여행법칙이 맞는다고 생각한다. 비싼 여행길에 오르기보다 차라리 책을 통해서 지식이나 정보를 습득하는 편이 더 나을 것이다. 특히 오늘날처럼 인터넷을 통해서 추가 정보를 구할 수 있는 시대에는 더더욱.

다만 여행이 주는 느낌이나 감정은 책을 통해서 좀처럼 얻을 수 없다. 늘 가보고 싶었던 곳을 방문할 때 그곳에서 느낄 수 있는 냄새, 소리, 촉감 같은 감성적인 부분은 어떤 책도 대신할 수 없다. 게다가 좋은 기억이나 추억을 만들어내는 데도 여행을 대체할 만한 것이 없다. 지나가버린 날들을 생각하면 열심히 일을 하던 순간보다는 연인이나 가족과 함께 갔던 좋은 여행지의 추억이 남아 있을 것이다. 때문에 이성이나 논리, 지식이나 정보가 아니라 감성이나 추억을 찾는 여행 혹은 노는 여행에 포인트를 둔다면 얼마든지 여행은 찬성할 만한 것이다.

여행 전에 여행 목적이 진정으로 어디에 있는가를 확인해 보라. 학습을 위한 여행인지 아니면 추억이나 기쁨을 위한 여행인지를 명확히 하라. 후자에 중점을 둔 여행이라면 사전에 충분히 사전 지식이나 정보로 무장하고 방문지에서는 많이 느끼고 추억을 공유하기 위해 노력해야 한다. 여기서 찰칵, 저기서 찰칵 하는 식으로 분주하게 움직이는 여행은 아무래도 개선되어야 할 여행 스타일이다.

행복을 만드는 7가지 노하우

2001년 5월 14일, 오하이오에 있는 우스터 칼리지에서 졸업식이 열렸다. 졸업식 연설자로 초대받은 앤드루 루니는 CBS방송의 특파원이자 구성작가 겸 프로듀서로 명성을 누렸던 인물이다. 83세의 나이에 손자의 졸업식에서 행한 연설에서 그는 행복이란 무엇인가에 대해 이런 메시지를 전달한다.

"우리들 대부분은 야망 때문에 괴로워합니다. 야망은 우리가 갖고 있는 최상의 것인 동시에 최악의 것입니다. 나는 어느 정도 성공했다고 할 수 있고, 이런 점이 만족스럽습니다. 하지만 내 삶에 가장 행복을 주는 건 매일 매일의 아주 작은 기쁨입니다. 시원한 물 한잔을 들이켜는 것, 문간에 떨어진 신문, 차를 몰고 가다가 신호등이 빨간 불로 변하기 직전에 빠져나오는 일 등등 말입니다."(에드워드 호프만,《세상을 가져라》)

야망을 추구하는 것도 중요한 부분이지만 일상에서 찾을 수 있는 행복을 놓치는 잘못을 범해선 안 된다는 메시지를 전해주고 있다. 젊은 날에는 목표에 지나치게 치우친 나머지 과정에서 얻을 수 있는 수많은 행복의 기회를 놓치기 쉽다. 누군가 나에게 행복하게 사는 법을 묻는다면 나는 '행복을 만드는 7가지 노하우'를 제시하고 싶다.

첫째, 사냥꾼의 본능을 한껏 살려야 한다.

행복의 수많은 원천 가운데 으뜸은 우리의 본능에 충실하게 사는 것이다. 본래 인간은 사냥꾼이다. 우리의 유전자 속에는 수십만 년의 진화의 결과물이 차곡차곡 퇴적되어 남아 있다. 사냥꾼처럼 무엇인가를 향해 조준하고, 추적하고, 그 결과를 얻는 것이야말로 모든 행복의 으뜸이라 할 수 있다. 늘 꿈과 목표를 갖고 추구하는 그런 삶을 살아가야 한다. 직업 세계에서도 남이 정해준 목표에 따라 수동적으로 살아갈 것이 아니라 자신만의 특별한 꿈과 목표를 향해 뛰어야 한다.

둘째, 행복은 구해야 얻어진다.

행복은 그냥 주어지지 않는다. 그것은 적극적으로 구할 때 얻을 수 있는 일종의 심적 상태라고 할 수 있다. 누구도 행복을 줄 수 없다. 스스로 행복의 상태를 만들어내야 한다. 자신이 '행복할 수 있는 권리'가 있음을 알고 삶의 모든 영역에서 행복을 찾기 위해 노력해야 한다.

셋째, 이따금 멈추어 서라.

목표를 향해 나아가지만 그 과정에서 맛볼 수 있는 소소한 행복감을 놓치지 않도록 해야 한다. '잠시 멈추어 장미 냄새를 맡아보라(Stop and Smell the Roses)'라는 영어 속담이 있다. 정상에 도달하고 나서 가질 수 있는 일시적인 큰 행복감만 기대하지 말고 정상을 향해 나아가는 과정에서도 다양한 즐거움을 맛봐야 한다.

넷째, '행복 리스트'를 적어보라.

언제 자신이 행복감을 느끼는지 리스트를 작성해 보라. 아마도 특별한 것보다는 마음먹기에 따라 언제든지 행복감을 느낄 수 있는 것이 많을 것이다. 수첩 한 곳에 행복 리스트를 적어 보관해두고 리스트에 들어 있는 항목들을 살면서 자주 등장시키면 된다.

다섯째, 소유보다는 체험에 비중을 두어라.
소유가 주는 행복감은 기대만큼 길지 않다. 흔히 심리학자들은 이를 두고 '쾌락 적응'이란 용어를 사용한다. 특정 상품에 사람들이 금방 익숙해지는 것을 뜻한다. 꿈에 그리던 넓고 좋은 집을 갖게 되었다고 하자. 처음 한동안은 자다가도 벌떡 일어날 정도로 기분이 좋을 것이다. 그런데 시간이 지나면서 좋은 집이 주는 행복감은 서서히 사라진다. 반대로 체험은 소유보다 오래간다. 가능한 체험을 많이 하도록 노력한다.

여섯째, 더 좋은 방법을 찾아라.
우리의 몸과 마음을 제대로 이해하면 더 행복해질 수 있다. 몸과 마음이 어떻게 행복감을 만들어내는지를 읽고 연구해보자. 심리학자나 정신분야를 다루는 의사들의 연구서가 큰 도움이 될 것이다.

일곱째, 배우자를 잘 구해야 한다.
가족이 주는 행복감은 우리 삶에서 정말 큰 부분을 차지한다. 배우자 선택은 평생 동안 누리게 될 행복의 총량에 결정적인 요소라고 해도 과언이 아니다. 외모는 몇 개월도 안 간다. 가장 중요하게 여겨야 할 기준은 가치관이다. 한쪽은 대충 즐기면서 살자는 주의고, 한쪽은 열심히 성취하기 위해 노력하며 살아야 한다는 주의면 갈등이 생기기 쉽다. 한 젊은이와 대화를 나누다가 "자수성가한 아버지처럼 매일 매일 나아지기 위해 노력하는 사람을 만나기가 힘들다."는 말을 들은 적이 있다. 바로 이런 점에서 충분한 공감대가 있어야 한다. 서로 가치관이 다르면 물과 기름처럼 겉돌면서 살 수밖에 없다.

가장 많은 시간을 함께 보내는 부부 사이가 겉돌면 인생 자체가 겉돌게 된다. 꿈을 향해서 같은 방향을 바라보면서 걸어갈 수 있는 사람을 구하면 결혼생활이 훨씬 편안하고 행복해진다. 함께 살면서 저런 점은 고치도록 도와주어야겠다는 생각으로 시작하는 것은 위험한 판단이다. 사람의 기질이나 성품은 좀처럼 변하지 않는다. 있는 그대로 인정해줄 자신이 없으면 시작하지 않는 편이 낫다.

어떤 선택을 하던 반드시 놓치지 말아야 할 기준이 있다. 바로 진지함과 성실함이다. 이 두 가지만 있으면 함께하는 삶을 잘 꾸려갈 수 있다.

행복해지고 싶다면 노력해야 합니다.
집을 깔끔하게 정리하듯 내 마음에서 버릴 것은 버리고
간수할 건 간수해야 하는 것입니다. 내게 소중하고
아름다운 기억과 칭찬의 말 등은 간직해도 좋지만,
필요도 없는 비난이나 고통의 기억은
쓰레기나 잡동사니 치우듯이
과감히 버리는 것입니다.
에이브러햄 링컨이 말했습니다.
"사람은 행복하기로 마음먹은 만큼 행복하다."

- 문윤정,《당신의 아침을 위하여》

안녕,
나와의 여행은 여기까지야.
이제, 네 스스로 걸어가야 해.
넘어지는 것은 두려운 것이 아니야.
진정 두려운 것은 넘어져서 다시 일어나지
못하는 거지.
비가 온다고 너에게 우산을 씌워줄 사람은 없어.
너 혼자 저 빗속을 뚫고 가야 해.

너는, 아니 우리 모두는 꿈을 갖고 있어.
하지만 그것을 한 번 해보기에는
너무나 많은 변명들이 우릴 가로막지.
그런 변명들은 참 편리하게
우리의 생활과 습관을 지배하고,
포기해야 하는 이유를 만들어주지.

그러니 더 이상은 너무 걱정하지 마.
그냥 해보는 거야.
그거 알아?
계획만 하고 실천이 없다면
그것 역시 실패한 것이라고.

네가 힘들 때,
밤 하늘의 별이 유난히 밝다면
누군가 너를 응원하는 거라 생각해.
이제 정말 안녕.

에필로그:
젊은 날, 삶의 해답을 찾아서

'젊고 젊은 그날에 내가 이런 것들을 제대로 알았더라면…' 젊은 시절을 보내고 나면 누구에게나 이런 회한이 남는다. 이처럼 아쉬움이 남는 궁금함에 대해 답을 정리한 책이다.

물론 삶 자체가 그렇듯이 젊은 나날을 제대로 보내는 한 가지 정답은 없다. 하지만, 앞서 인생을 산 사람의 경험과 지혜에서 배울 점이 있으리라는 기대로 써 내려간 책이다.

20대 중반부터 30대 초반까지의 시기는 길고 긴 학교생활을 마무리하고, 직업을 구하기 위해 분주하게 움직일 때이다. 직장에서 자기 자리를 찾기 위해 정신없이 뛰어다닐 시점이기도 하다. 그러나 많은 젊은이들에게 이 시기는 온통 불확실함과 불안정함으로 가득 차 있을 때이다. 어떤 사람은 저녁의 어두움으로, 어떤 사람은 새벽의 여명을 맞기 전의 어두움으로 젊은 날을 보낼 것이다. 이 책에는 모든 분을 밝아오는 새벽녘의 여명으로 이끌고 싶다는 소망이 담겨 있다.

따뜻한 차 한 잔을 놓고 먼저 걸어간 인생의 선배와 이런저런 대화를 주고받는다고 생각하면서 읽으면 도움이 될 것이다. 그래도 지금은 정말 좋은 시절이다. 책을 준비하는 과정에서, 나의 20대와 30대에 이런 질문에 대해서 답을 줄 수 있는 사람이 있었다면 하는 아쉬움이 들었기 때문이다. 정말 소중한 젊은 날을 멋지게 만들어가기 바란다.

부디, 성공을 빈다!

디렉터스 컷 Director's Cut

아트디렉터스 컷 _ 임헌우

책을 쓴다는 것과 책을 펴낸다는 것은 근본적으로 다르다. 하지만 많은 출판사들이 아직도 둘 사이를 혼동하고 있는 듯하다. 한 권의 책이 문화의 중요한 지형을 형성한다는 것에는 모두들 동의한다. 하지만 구체적 실천과 노력에는 그다지 관심이 없는 것처럼 보인다. 문화는 책의 콘텐츠만을 의미하는 것이 아니다. 내용을 담고 있는 그릇 역시 존중되어야 한다.

그러나 아쉽게도 많은 책들이 텍스트만을 넘치게 담는다. 그리고 소위 마케팅에서의 숫자에만 관심을 가진다. 판매 부수가 그 책의 가치를 결정하고, 베스트셀러 따라잡기에 총력을 기울인다. 책의 질적인 성장은 그래서 너무 어렵다. 책 표지만 그럴듯하게 만들고, 띠지를 화려하게 더하고, 자극적인 광고용 문안 몇 줄을 첨부하고, 몇몇 유명한 사람들의 추천사를 덧붙이는 것으로 책의 디자인이 끝났다고 생각하는 출판사들이 아직 많다.

책은 지금 너무 힘겹게 스스로를 지탱하고 있는지도 모른다. 그러니 책에 힘을, 용기를 실어줘야 한다. 정확히 말하면, 책을 단순히 생산의 개념만으로 취급하지 말아야 한다. 좀 솔직하고 단순하게 말하자면, 책 만드는 데 신경 좀 써달라는 얘기다. 마케팅에 쓰는 노력의 1/3만이라도 책의 꼴에 관심을 기울여 달라는 얘기다. 책을 디자인하는 것은 단지 책의 형식과 외형만을 만들어 내는 것이 아니다. 그것은 책의 내용과 호흡하고 긴밀하게 관계를 주고받을 수 있는 커뮤니케이션의 장(시간과 공간)을 마련하는 일이다.

북 디자인은 화장술이 아니다. 감독이 같은 시나리오를 갖고도 전혀 다른 느낌의 영화를 만들어내듯이, 북 디자인도 어떤 아트디렉터를 만나느냐에 따라서 전혀 느낌이 다르게 나올 수 있다. 그러한 의미에서 이번 작업은 나름대로 의미를 갖는다. 이러한 시도가 처음은 아니지만, 요즘 같은 불황에는 쉽게 결정할 수 있는 일이 아니다. 그래서 흐름출판의 용기에 감사한다. 그렇게 규모가 크지 않음에도 불구하고, 쉽지 않은 결정을 내려주었다. 팀장님과 사장님께 감사드린다.

책을 디자인한다는 것은, 단순히 글을 종이에 옮기는 작업이 아니라, 종이에서 텍스트가 다시 살아 숨쉬게 만드는 작업이다. 그리하여 내용과 호흡하고, 독자와 공감할 수 있는 매력적인 프레임을 만드는 것이다. 그래서 많은 시간과 고민, 노력이 필요하다. 이러한 고민과 생각의 과정에 기꺼이 동참해준 스태프 여러분들께 감사드린다. 먼저, 책의 모든 일러스트레이션을 담당해준 류은지에게 감사의 말을 전한다. 몇 번씩 다시 그리면서도, 그리고 예상보다 컷 수가 훨씬 많아졌어도 불평 없이 전력을 다해주었다. 책의 캘리그래피를 맡아준 박병철 선생님께 감사드린다. '웰컴투동막골'과 《상상력에 엔진을 달아라》라는 책에서 보여준 캘리그래피의 탁월함은 이 책을 더욱 빛내주었다. 늦게 참여했지만 책의 편집디자인을 함께 진행한 박정우에게도 감사의 말을 전한다.

그리고 그 모든 시간의 중심에서 사랑과 관심을 보내준 여러 사람들에게 이 책은 많은 신세를 졌다. 만약에 내가 하나님을 믿게 된다면, 이 또한 그분의 계획이었으리라. 미리 감사의 말씀을 올린다.

이 책을 만들기까지는 43,200분의 시간과 1,440그램의 커피, 그리고 300분의 통화와 8시간의 미팅, 200장 분량의 켄트지와 1,040장의 더블에이 복사지가 필요했다. 그리고 무엇보다도 용기와 에너지가 필요했다.

소울메이트 디자인 스태프
STAFF

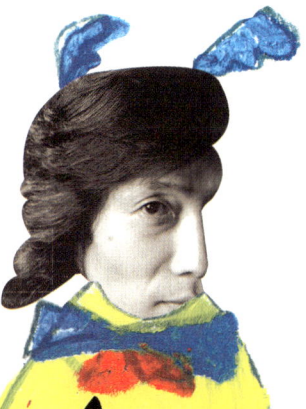

디자인총괄, 아트디렉터
임헌우 교수
디자인학박사, 북아티스트, 디자이너
계명대학교 시각디자인과 교수
dreamon4u@hanmail.net

Editorial designer

편집디자인
박정우
디자이너, 계명대학교 시각디자인과
mariapjwh@empal.com

일러스트레이터
류은지
계명대학교 시각디자인과 졸업
개인전 및 다수의 단체전
rej19781@naver.com

Calligrapher

캘리그래퍼
박병철 교수
전 계명대학교, 대구대학교 교수
'웰컴투동막골' 영화타이틀 제작
soyuree@hanmail.net

Illustrator

겁 많고 서툰 젊음을 위한 공병호의 인생 정면돌파법

공병호의 人울메이트

초판 1쇄 발행 2009년 3월 20일
초판 7쇄 발행 2009년 4월 7일

지은이	공병호
펴낸이	유정연
펴낸곳	흐름출판

기획편집	김미란
디자인	총괄/아트디렉팅 임헌우
캘리그래피	박병철
편집디자인	임헌우 박정우
일러스트레이션	류은지

마케팅	유민우 이유섭 김양희
디자인	손은숙 박원석
제작	문경아
경영지원	박승남
종이	한서지업사
인쇄/제본	(주)현문

출판등록	제 313-2003-199호(2003년 5월 28일)
등록일자	2003년 5월 28일
주소	서울시 마포구 서교동 366-10번지 3층 (121-838)
전화	(02)325-4944
이메일	book@hbooks.co.kr
홈페이지	http://www.hbooks.co.kr
블로그	blog.naver.com/nextwave7
ISBN	978-89-90872-59-3 03320

이 책은 저작권법에 따라 보호를 받는 저작물이므로 무단 전재와 복제를 금지하며, 이 책의 내용의 전부 또는 일부를 사용하려면 반드시 저작권자와 흐름출판의 서면 동의를 받아야 합니다.

파손된 책은 구입하신 서점에서 교환해드리며 책값은 뒤표지에 있습니다.

흐름출판은 독자 여러분의 원고 투고를 기다리고 있습니다. 원고가 있으신 분은 book@hbooks.co.kr로 간단한 개요와 취지, 연락처 등을 보내주세요. 머뭇거리지 말고 문을 두드리세요.

살아가는 힘이 되는 책, 흐름출판 _ 막히지 않고 두루 소통하는 삶의 이치를 책 속에 담겠습니다.